Audrey Halin et Charlotte Izambard

Photographies Pierre Nicou

RELOOKER SES MEUBLES & SIÈGES

- RÉNOVER, PEINDRE & CUSTOMISER -

massin

MEUBLES **RELOOKÉS** 7

INTRODUCTION **9**
Réparer 10
Préparer 12
Traiter 14
Créer 16
Précautions 18
Les couleurs 20
La palette des meubles 22

LES GRIS COLORÉS AU BLEU **27**
Une machine à coudre 28
Une banquette 30
Une armoire 32
Une commode 34
Un rangement à chaussures 36
Un petit buffet 38
Une étagère 40
Un placard 42
Un bureau 44

LES GRIS COLORÉS AU VERT **47**
Un guéridon 48
Un buffet 50
Des tables bistrot 52
Un bahut 54
Des tablettes 56
Une enfilade 58
Une coiffeuse 60
Un petit bureau 62

LE BLANC CASSÉ **65**
Un buffet 66
Une enfilade 68
Une commode 70
Une bibliothèque 72
Une commode 74
Un buffet 76
Des chevets 78
Une table 80
Un meuble tv 82

SIÈGES **RELOOKÉS**

INTRODUCTION **89**
Les outils 90
Les matériaux et matières premières 94
Les étapes 96

LES PROJETS **98**
Une chaise Napoléon III 98
Une chaise tubulaire 100
Une chaise années 1950 102
Un pouf carré 104
Une chaise volante 106
Une petite chaise Art Déco 108
Un fauteuil bridge 110
Une chaise bois et Formica 112
Un pied tulipe 114
Tout en courbe 116
Une chaise années 1970 118
Une chaise tube années 1950 120
Un cabriolet style Louis XV 122
Un médaillon Louis XVI 124
Une chauffeuse en osier 126
Une chaise minimaliste 128
Une mini-chauffeuse 130
Deux chaises de cuisine en Formica 132
Une chaise en bois 134
Quatre chaises en Skaï 136
Une petite chaise d'écolier 138
Un pouf rond 140
Un fauteuil Butterfly 142
Un tabouret d'appoint 144
Un fauteuil de famille 146
Deux tabourets carrés en Formica 148
Un pouf carré 150
Une petite chaise tubulaire 152
Un tabouret d'atelier 154

Nos bonnes adresses 158

Meubles **relookés**

bulle
EXPO-VENTE
bulle
EXPO-VENTE
EXPO-VENTE
EXPO-VENTE
26 27 28 juin
bulle
expo-vente
expo-vente
11 12 13 juin

Introduction

Aujourd'hui, l'accélération des choses est telle qu'elle nous prédispose à être plus attentifs à nos besoins et aux liens (le temps et l'autre). Jeter, surconsommer et vivre sans considération désensibilisent notre société : nous en subissons tous les conséquences et sommes de plus en plus nombreux à le savoir, à chercher et à créer des alternatives et du sens. Le projet Bulle participe modestement à ce mouvement. Le principe est de récupérer, soigner des meubles et son travail.

Récupérer est un geste qui relie à l'histoire et à l'enfance, qui offre de ce fait un temps et un espace, propices à l'imagination et à la créativité. Soigner des vieux meubles est le mouvement inverse qui équilibre et ramène au présent et à l'action.

Le projet Bulle est initié en 2005 par Marie Leonetti et moi (Audrey Halin). Il prend forme en 2006, à l'ouverture d'un atelier-boutique dans le 11ᵉ à Paris et la création d'une association. Il évolue en 2008, lorsque Marie se consacre à la création de bijoux. Dès lors, je poursuis le projet seule et au gré des rencontres. Aujourd'hui, c'est en partenariat avec Giorgio Petracci que le projet continue de s'épanouir.

Bulle est un atelier-boutique ouvert au public. On y soigne et vend des meubles récupérés et, depuis peu, des créations. On propose aussi nos soins à la demande sur du mobilier que l'on nous confie. On y organise des expositions collectives et des ateliers pratiques.

Ce livre vous présente nos réalisations et illustre notre travail.

Réparer

1 - Mettre à nu

Démontez le maximum d'accessoires: les portes, les poignées, les casiers, les miroirs, les tringles, les étagères, les taquets, les charnières, les aimants... (utile: une boîte pour réunir et conserver les petits éléments).
Ôtez les résidus inutiles (et/ou dangereux) tels que vieux clous, agrafes, punaises, adhésif.
Matériel: tournevis (plats et cruciformes), visseuse/dévisseuse, raclettes, pinces, clés à molettes, pieds-de-biche.

2 - Nettoyer

Lessivez à la Saint-Marc les supports très gras et sales.
Sinon lavez au savon noir (ou basique) ou au détergent naturel (mélange effervescent: vinaigre blanc + bicarbonate de soude).
Les traces de colle s'éliminent à l'acétone.
Le papier peint s'enlève facilement à l'eau chaude.
Matériel: brosse, éponge, grattoir, raclette.

3 - Reconstituer

Démontez puis recollez ou renforcez les assemblages bringuebalants (structure, piètement).
Recollez les placages défectueux.
Pour reconstituer un pas de vis usé, utilisez l'outil Dremel (avec la fraise à découper).
Matériel: maillet, marteau, raclette, clous, vis, colle à bois, sangles, serre-joints.

4 - Régulariser

Rebouchez les trous, les éclats, lissez le support.
Matériel: pâte à bois et, plus exactement, un enduit de rebouchage spécial bois (un grain fin proche de celui du bois qui se ponce aisément et ne marque pas une fois repeint), papier ou sciure de bois (pour combler les trous profonds), raclette.
Pour traiter la rouille: grattez à la brosse métallique et/ou appliquez une solution antirouille.
Pour modifier la hauteur ou l'épaisseur d'un élément (tiroir, pied ou porte), utilisez un rabot, une râpe à bois (ou lime sur le métal), une scie.
Conseil: passez de la paraffine (en frottant une bougie) sous les portes ou sur les côtés des tiroirs qui coulissent mal.

Préparer

1 - Décaper (pour mettre le bois à nu)

Cette étape n'est pas systématique, sauf pour :
Tout métal ou bois (sauf placage) ciré, verni ou peint et dont la peinture d'origine est grossière (trop d'épaisseur, traces de pinceaux), s'écaille ou n'accroche plus.
Options et matériel : décapeur thermique : sorte de séchoir électrique très puissant qui ramollit les peintures les plus résistantes. À faire avec la raclette et des gants de protection renforcée.
Décapant chimique type Décapex : pratique mais toxique. Appliquez et laissez agir, puis ôtez à la raclette ou au chiffon.
Papier de verre au gros grain (40) : à la ponceuse électrique (circulaire à disque ou vibrante) ou manuellement (avec ou sans cale à poncer).
Toile émeri, brosse métallique (pour le métal).
Couteau et raclette.
Conseil : décapez en milieu extérieur ou bien aéré.
Le décapage est long et peut souvent (dans la mesure du possible) être remplacé par l'alternative ponçage + sous-couche d'accroche tout support (cf chapitre suivant).

2 - Poncer (rayer finement et régulariser pour accrocher)

Tout bois brut, teinté, peint, le métal, les supports plastiques, synthétiques et, délicatement, les placages et le verre.
Matériel : papier de verre de grain moyen à fin (80-120) : à la ponceuse électrique (circulaire à disque ou vibrante) ou manuellement (avec ou sans cale à poncer).
Laine d'acier.
Toile émeri (pour le métal).

3 - Égrener (rayer légèrement et lisser)

Pour parfaire le bois brut.
Avant et entre chaque couche de peinture et vernis ; avant la cire.
Matériel : papier de verre de grain fin (120).

4 - Dépoussiérer

D'abord à l'aspirateur ou à la balayette. Puis en passant un linge humide : serviette éponge, gant de toilette ou chiffon (microfibre).
Tout support à traiter doit être propre et sec.

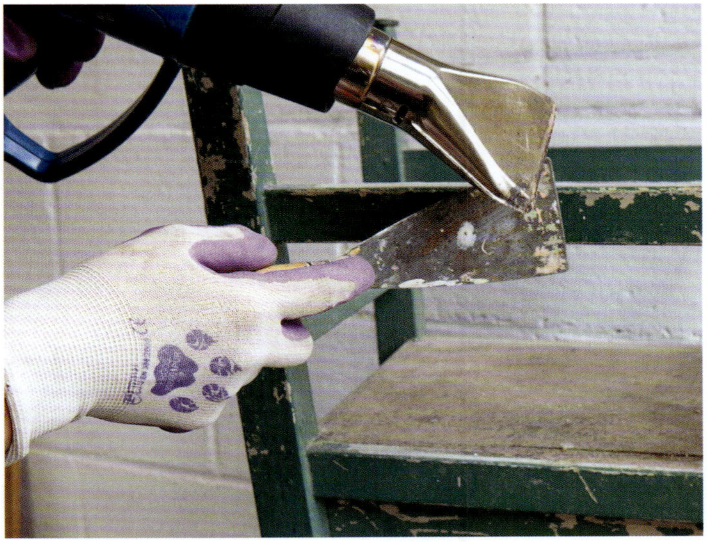

Traiter

1 - Sous-couche d'accroche

Elle est conseillée pour l'accroche et l'éclat de la peinture.
Elle est nécessaire avant les couleurs qui couvrent mal (rouge, jaune, orange). Il s'agit généralement d'une peinture blanche diluée à appliquer avant les traditionnelles deux couches de peinture.
Sur les supports particuliers (vernis ou cire non décapés, stratifié, plastique, verre), une sous-couche d'accroche « tout support » (ou spéciale surface lisse) est nécessaire ; solution optimale aussi pour couvrir et bloquer les taches d'encre (qui ressortent systématiquement sous la peinture traditionnelle, même en couches multiples).

2 - Peinture

Rappel : à appliquer sur un support impeccable, en deux couches (avec égrenage intermédiaire). J'utilise le type acrylique qui se dilue à l'eau, sèche rapidement, est moins odorante, et moins nocive pour l'environnement que la glycéro. Je préfère les finitions satinée et veloutée (entre mat et brillant) qui se lessivent, ne marquent pas. Je déconseille la peinture mate qui conserve les éventuelles traces (de doigts, de gras), accroche la poussière et ne se lessive pas ou très mal. J'ai recours à la glycéro pour les laques, les peintures antirouille et à tableau.
Matériel : je ne peins qu'au pinceau et à la brosse (bannir ceux qui perdent leurs poils). Il est utile d'avoir au moins 5 tailles pour gérer les détails (tranches, retouches…) et les grandes superficies.
Conseils : appliquer la peinture (et les vernis) en couches fines et régulières optimise l'accroche et l'aspect (pas de traces de pinceaux).
Les pots de confitures (ou autres récup' du quotidien) sont idéaux pour diluer la quantité nécessaire et plus pratiques à l'ouvrage que le pot de 3 l.
Les baguettes chinoises sont parfaites pour mélanger les préparations.

3 - Vernis

Le vernis s'applique (au pinceau) en toute fin de travail pour protéger une surface (peinture ou bois). Il est utile de vernir les parties destinées à un usage répété (plateaux de table, bureaux, chaises…). J'utilise un vernis hydrosoluble (à l'eau), sans solvants et qui ne jaunit pas (chez Laverdure).

4 - Cire

Pour nourrir et unifier le bois, j'utilise de la cire d'abeille incolore ; sinon, pour foncer un bois, une cire teintée chêne moyen. Appliquez au chiffon et uniformisez à la laine d'acier.

Créer

1 - Un système de pieds

Posez les plaques de fixation métalliques à l'aide de vis aux quatre angles, sous le meuble. Deux types de plaques : inclinaison oblique ou droite.
Pieds prêts à visser ou tasseaux en bois (solide) dans lesquels on aura vissé une queue de cochon : il s'agit d'une double vis munie d'un filetage à bois pour le tasseau, l'autre métal destiné à la plaque (et souvent trop long : à scier).
Matériel : tournevis, visseuse, scie sauteuse (ou égoïne), scie à métaux.

2 - Des poignées

Débitez des cercles dans le bois à l'aide d'une perceuse et d'une scie cloche. Sciez et façonnez (à la râpe) le bois (planche, branche, tasseau). Pré-percez puis vissez.

3 - Des motifs graphiques

• à coller : ruban adhésif (toile ou plastique) : grand choix chez Ruban de Normandie.
• géométrie ou mouvement à dessiner, puis percer ou scier.
Matériel : cutter, compas, règle, perceuse, mèches de différentes tailles, scie cloche, scies sauteuse et électromagnétique.

4 - Un système de portes coulissantes

À l'aide d'une défonceuse, faites 4 rainures de largeur 5 mm (en respectant les mêmes écarts) :
- 2 sous la planche du haut (profondeur 6 mm)
- 2 sur la planche du bas (profondeur 3 mm)
La hauteur des portes coulissantes doit faire 6 mm de plus que la hauteur interne du meuble.

Précautions

1 - Protection

La personne : veillez à la bonne aération de la pièce de travail.
Portez des gants, un masque anti-poussière, des lunettes, des bouchons d'oreille.
Prévoir : une tenue souple et sans crainte, un établi ou une table, un siège.
Les supports : isolez les parties à ne pas traiter à l'aide d'un ruban adhésif de peintre (Tesa) ou, plus rapide, utilisez la raclette en protection pour peindre sans déborder. Prévoyez éponge et chiffon pour les éventuelles projections ou coulures.

2 - Entretien

La personne : vaccination antitétanique conseillée. Prévoyez de l'antiseptique, des pansements, de l'arnica, un spray nasal. Hydratez (eau et crème réparatrice).
Les pinceaux : si peinture acrylique : conservation plusieurs jours au réfrigérateur, emballés dans un plastique. Nettoyage à l'eau et au liquide vaisselle (ou savon). Si peinture glycéro : conservation dans l'eau. Nettoyage au white-spirit

Coffre à jouets : une caisse de marchandise et une planche de récupération

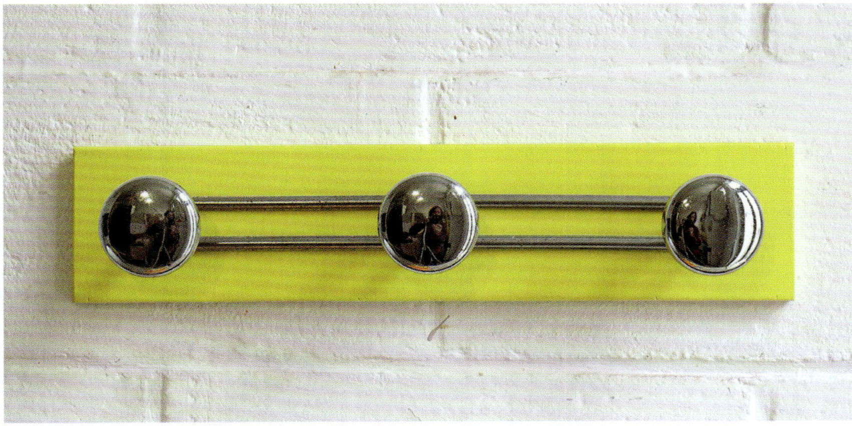

Porte-manteaux : patères et planches de récupération

3 - Récupération

Ce que j'appelle « matériothèque » est un stock de récupérations (achetées ou trouvées) qui comprend meubles, bricolage, accessoires, matières premières (bois, métal).

Pour la constituer et l'entretenir, je conseille de :

- S'informer des : plannings des encombrants en banlieue (site mairie), listes et horaires des communautés Emmaüs et autres associations, calendriers des brocantes et vide-greniers (brocabrac.fr ou vide-greniers.org), débarras et déménagements autour de vous.
- Compter sur ses amis et voisins prévenants et réactifs.
- Se promener attentivement et équipé de pinces, tournevis, etc.
- Avoir un véhicule à proximité : camion, voiture, vélo, diable.
- Se promener sur les plateformes de vente Internet telles que Le Bon Coin, Ebay ou Agorastore.

Avant d'acquérir un meuble et pour évaluer l'ampleur de l'intervention, je conseille de vérifier :

- l'état de la structure et/ou du piètement
- la fermeture et la mobilité des portes et des tiroirs
- la finition du bois (ou métal) et son état : peinture, cire, vernis

Les couleurs

La couleur est un sujet délicat tant il est large, pluriel et subjectif.
Les points de vue scientifiques et historiques sont passionnants mais ne sont ni le sujet de ce livre, ni de ceux que je maîtrise (je conseille toutefois les ouvrages de Michel Pastoureau, de Manlio Brusatin, de John Gage). Dans cet épilogue sur la couleur, je m'en tiendrai donc à en évoquer les aspects généraux et, plus subjectivement, à présenter la palette de couleurs appréhendée au fil de ces pages. En effet, celles-ci marquent une période de l'atelier Bulle d'une part (les gammes proposées y varient régulièrement) et, d'autre part, illustrent l'origine et l'axe majeur de mon travail : la recherche de couleurs et de rapports.

Définition : « La couleur se définit par la perception que nous avons des différentes longueurs d'onde qui constitue la lumière visible ».

La couleur engage donc la lumière, la matière et l'individu. Comme toute perception sensorielle, elle est relative et subjective car la lumière varie, ainsi que l'œil d'un individu à l'autre et avec le temps.
Au fil de l'histoire, elle marque et symbolise différemment les cultures, les époques et les styles qui leur sont associés (art, architecture, décoration, vêtement, accessoires, maquillage...).
Au cœur du sensible, la couleur est génératrice : elle révèle la lumière (ou l'émotion) qui l'engendre. Elle est de ces véhicules essentiels au lien (avec soi et ce qui nous entoure).

Rappels généraux :

Le cercle chromatique est constitué de trois couleurs primaires (rouge/jaune/bleu), à partir desquelles on obtient trois secondaires (orange, vert, violet). Ces deux catégories s'associent pour élargir les nuances : les couleurs tertiaires (cf schéma p. 21).
On distingue les couleurs chaudes (du jaune au rouge) des couleurs froides (du vert au violet).
Chaque couleur a sa complémentaire (diamétralement opposée sur le cercle), leur union donne du noir (plutôt brun en fait).
Une couleur se définit par 4 éléments :
- sa teinte (ex : rouge)
- sa saturation (son intensité)
- sa valeur (+/- foncée)
- sa température (+/- chaud)

Cercle chromatique de Johannes Itten

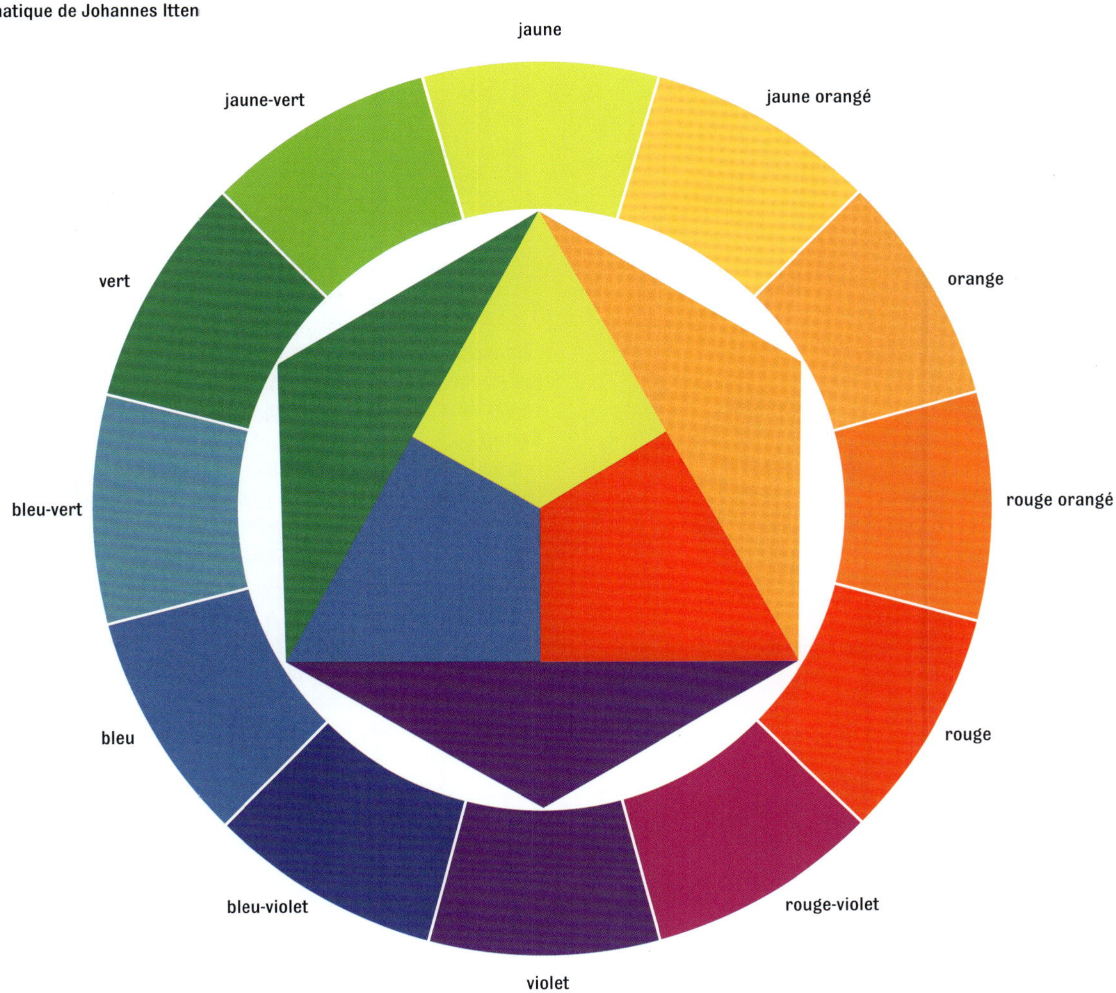

Couleurs primaires

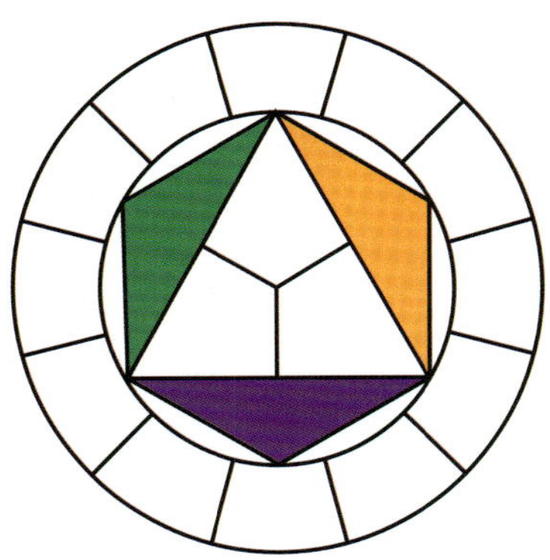

Couleurs secondaires

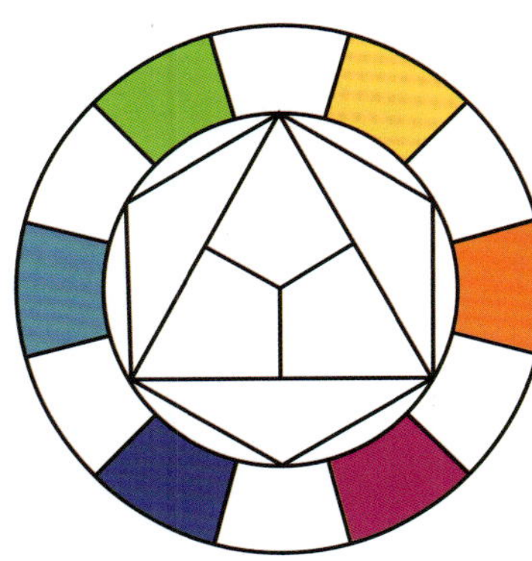

Couleurs tertiaires

La palette des meubles

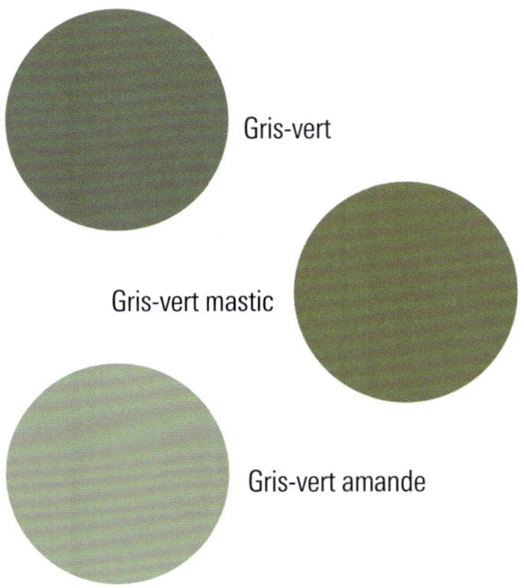

1 - Le gris coloré

Le principe du gris coloré est l'union de deux couleurs complémentaires (qui donne du brun) associée au blanc.
Le ton varie avec l'une des composantes de la secondaire :
Exemple :
Gris-vert = vert + rouge + blanc
La secondaire est le vert (bleu + jaune)
Gris-vert mastic = gris vert + jaune
Gris-vert amande = gris vert + bleu
La valeur varie avec le blanc. Au besoin, on peut ajouter une pointe de noir pour neutraliser.

Les gris colorés ont la neutralité du gris classique (noir + blanc) : neutre, sans en avoir le côté basique et froid. Ils allient harmonieusement douceur et subtilité. Les gris colorés se révèlent et contrastent avec les couleurs chaudes, éclatantes, acides, le noir et blanc, le bois.

2 - Le vert (couleur froide)

Le vert est la couleur secondaire obtenue par le mélange du jaune et du bleu. À dose égale, le vert est franc et éclatant (gazon) ; en privilégiant le jaune, la palette s'acidule et s'éclaircit (pomme, anis), tandis que le bleu favorise les turquoise.
En ajoutant un soupçon de rouge (sa complémentaire), le vert se réchauffe (vers les bruns) et offre une variété de kaki.

Dans ce livre, 4 verts :
- Gazon (bleu + jaune) : éclate auprès des couleurs foncées, des gris colorés, du noir et blanc, et du bois.
- Amande (bleu + jaune + blanc + pointe de rouge) : s'associe aux couleurs éclatantes, aux pastel et au bois.
- Anis (bleu + jaune ++) : vitamine les foncés, les pastel, les gris colorés, le bois, et le noir et blanc.
- Sapin (bleu + jaune + noir + pointe de rouge) : équilibre les couleurs éclatantes, les gris colorés clairs, les acides et le bois.

3 - Le bleu (couleur froide par excellence)

Le bleu est une couleur primaire. Situé entre le vert et le violet sur le cercle chromatique, ses variations s'étendent du turquoise lumineux (bleu + jaune) à l'outremer chaleureux (bleu + rouge). Sa dimension est intense et profonde.

Dans ce livre, 5 bleus :

- Nuit (bleu + noir) : ponctue élégamment les gris colorés clairs, le bois, les pastel et les blancs.
- Outremer (bleu + rouge) : profond et dense, je l'utilise volontiers seul ou associé au noir et blanc ou au bois.
- Ciel (bleu + blanc) : contraste avec les couleurs éclatantes, foncées, le noir et blanc, les gris colorés, les blancs, le bois.
- Canard (bleu + jaune + noir) : prend sa dimension avec les gris colorés clairs, les couleurs éclatantes (notamment le rouge), les pastel et le bois.
- Turquoise (bleu + jaune) : illumine les bruns, les gris colorés, les couleurs foncées, les pastel et le bois.

4 - Le rouge (couleur chaude par excellence) !

Le rouge est une couleur primaire. Entre l'orange et le violet sur le cercle chromatique, il varie du pourpre dense (rouge + bleu) au rouge orangé lumineux (rouge + jaune).
Le rouge est intense et puissant. Il est la plus chaude des couleurs.

Dans ce livre, 4 rouges :

- Pompier : éclatant et dense.
- Dragon (rouge + soupçon de jaune) : éclatant et lumineux.
- Rouge orangé (rouge + jaune) : éclatant et calme.
- Rouge terre (rouge + vert + pointe de blanc) : s'accorde bien avec le bois, les tons pastel, les blancs, et le noir et blanc.

Ces 4 rouges révèlent leur éclat et leurs atouts auprès des gris colorés, des couleurs pastel, des bruns et du bois clair.

5 - L'orange (couleur chaude)

L'orange est la couleur secondaire obtenue par l'union du rouge et du jaune. Un mélange 1/5 rouge + 4/5 jaune donne un orange pur (couleur du fruit). Le jaune favorise son acidité, tandis que le rouge l'intensifie et le réchauffe. Avec une pointe de bleu (sa complémentaire), l'orange brunit et offre une belle palette de beiges chauds (caramel, camel).

Dans ce livre, l'orange est pur et équilibré, il éclaire et vivifie les gris colorés, le gris, le noir et blanc, le bois, les bruns, les pastel et les blancs.

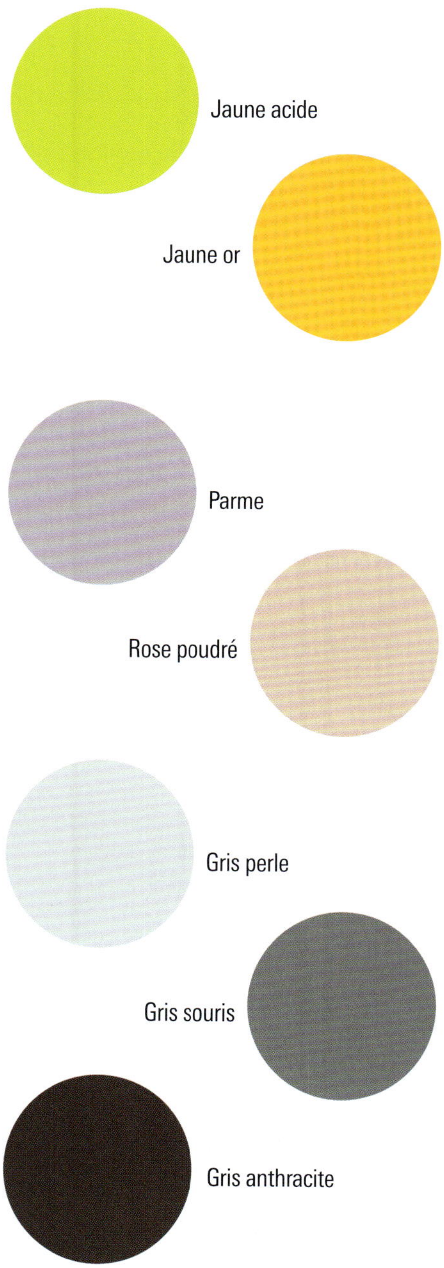

6 - Le jaune (couleur chaude)

Le jaune est une couleur primaire. Logeant entre le vert et l'orange sur le cercle chromatique, il varie en température du jaune acide (+ vert) au jaune orangé (+ rouge). Le jaune est fort et très lumineux.

Dans ce livre, 2 jaunes :
- Jaune acide (jaune + une pointe de vert) : il vitamine et agite.
- Jaune d'or (jaune + une pointe de rouge) : plus dense, il éclaire et stabilise la lumière.

Les deux se marient bien avec le noir et blanc, les blancs, gris colorés, couleurs foncées, pastel, les bruns, le bois.

7 - Les pastel

Les pastel sont les nuances claires de couleurs, ils sont obtenus à partir du blanc. On peut les optimiser avec un soupçon de leur couleur complémentaire. Ils diffusent une lumière douce et ronde. Ils s'associent harmonieusement entre eux et avec les valeurs, les couleurs foncées, les blancs, les bruns, le bois.

Dans ce livre, 2 pastel :
- Le parme : nuance du violet (blanc + bleu + rouge + un soupçon de jaune).
- Le rose poudré : une nuance du rouge orangé (blanc + rouge + jaune + un soupçon de bleu).

8 - Les gris

Le noir et le blanc ne sont pas considérés comme des couleurs mais comme des valeurs.
Donc le gris, étant issu du mélange entre le noir et le blanc, est aussi une non-couleur, il est une « valeur d'intensité lumineuse entre le noir et le blanc ». En peinture, un mélange de noir et de blanc donne toujours un gris bleuté (les pigments bleus contenus dans le noir ressortent). Ainsi pour le neutraliser au maximum, il suffit d'y ajouter un peu d'orange (sa complémentaire).

Dans ce livre, 3 gris :
- Gris perle (blanc + un peu de noir) : gris clair légèrement bleuté qui s'accorde bien aux pastel, aux couleurs acidulées, foncées, aux blancs, au bois foncé, au noir et blanc.
- Gris souris (blanc + noir + une pointe d'orange) : nuance médiane du gris équilibrée ici par une pointe d'orange pour affaiblir son côté bleu puisqu'ici (p. 69) je l'ai associé avec de l'orange, complémentaire du bleu (l'association de deux complémentaires n'étant pas très heureuse). Le gris souris se marie bien avec les couleurs éclatantes, acides, pastel, les blancs, le bois.
- Gris anthracite (noir + blanc) : gris très foncé, alternative subtile au noir : se combine idéalement avec les gris colorés, couleurs éclatantes, acides, pastel, les blancs, le bois.

9 - Le blanc cassé

Le blanc, réflecteur optimal de lumière, contient, accueille ou ponctue merveilleusement toutes les couleurs. Seulement le contraste peut parfois manquer de subtilité et troubler une harmonie colorée par son côté clinique et froid. Ainsi, il est judicieux de casser le blanc avec la couleur dominante qui l'accompagne afin de contraster et lier ; ou, au contraire, avec sa complémentaire pour contraster et équilibrer la température.
Le blanc cassé s'envisage donc de la même façon que les gris colorés mais dans le sens inverse. Il s'agit de partir du blanc auquel on ajoute une couleur (peu) qu'on équilibre (en soupçon) avec sa complémentaire, une tierce couleur et parfois du noir.

Exemple :
Pour obtenir un blanc cassé crème :
Blanc + rouge = blanc rosé (tendance dragée : peu subtil) + une pointe de vert pour brunir + une pointe de jaune + un soupçon de noir pour stabiliser (au besoin).
Le charme des blanc cassé (et des gris colorés) vient de leur complexité derrière une simplicité apparente. Ils contiennent et révèlent sans ostentation les couleurs.

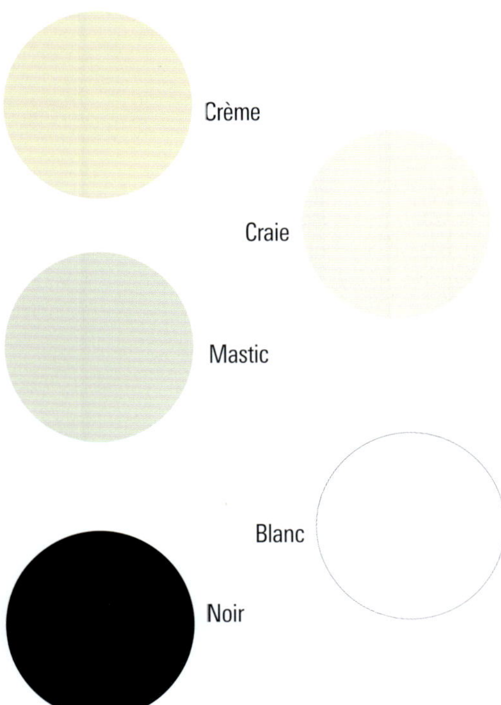

Dans ce livre, 3 blanc cassé :
- crème : voir + haut.
- craie : blanc + vert + pointe de rouge + soupçon de noir.
- mastic : blanc + vert + pointe de rouge + soupçon de jaune et de noir.

Ces blanc cassé s'unissent bien aux couleurs éclatantes, acidulées, pastel, foncées, aux gris colorés, au noir et au bois.

10 - Le noir et le blanc

Ils ne sont pas considérés comme des couleurs.
L'un est la présence de toutes les couleurs, la lumière, tandis que l'autre est l'absence de couleurs, de lumière.
L'un reflète ce qu'il contient, l'autre absorbe ce qu'il n'a pas : phénomène naturel engagé par le principe d'équilibre. Ensemble ou séparément, le noir et le blanc ponctuent et stabilisent merveilleusement les couleurs, le blanc ouvre et le noir ferme. Ils révèlent la lumière par contraste ou par écho.

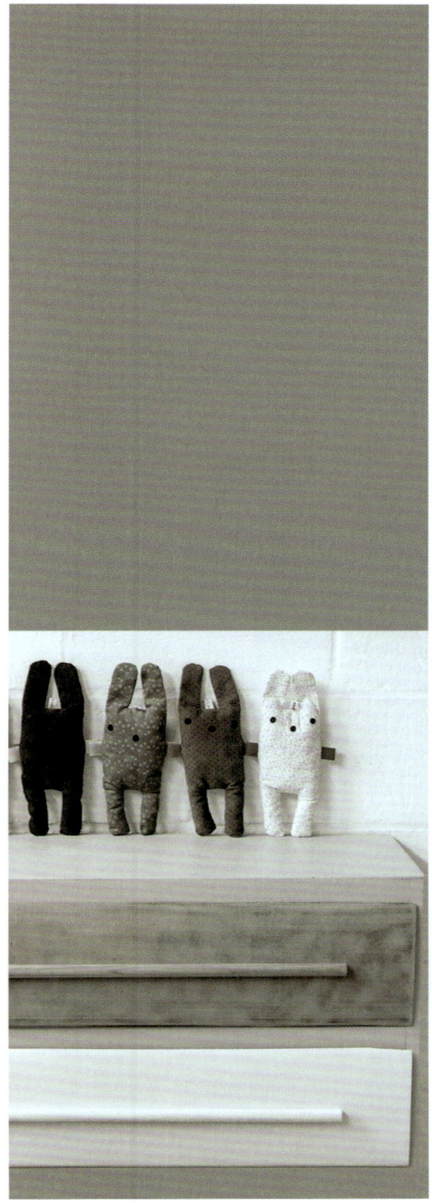

Les gris colorés **au bleu**

Une machine à coudre

blanc

gris-bleu

vert gazon

Pratique : l'ancêtre de nos machines à coudre est détournée en bureau ou table d'appoint, tout en élégance.

C'est par un beau dimanche de septembre, sur un vide-grenier, que je cède au charme de cette ancienne machine à coudre, dont Colette est résolue à se séparer, soucieuse de faire de la place. Ce meuble aux proportions élégantes allie l'esthétique au fonctionnel. L'ouverture du plateau et de la porte crée un espace de travail idéal pour l'ouvrière et permet de sortir la machine de son foyer. L'œuvre de Singer et du temps m'invite à déloger la machine et à fixer à sa place une planche de bois me permettant ainsi de conserver un petit bureau pratique et charmant.

Le meuble date des années 1950 et son placage en bois verni n'a pas résisté uniformément aux outrages du temps. La structure est repeinte ainsi que le plateau et l'intérieur. Le placage est une surface qui ne se décape pas (risque d'éclat), aussi je choisis de le poncer et de lui appliquer une sous-couche d'accroche tout support avant la peinture traditionnelle. La palette varie entre le gris-bleu, le blanc et le vert gazon. Pour le rappel et l'équilibre, les pieds et la boîte de rangement intégrée à la porte restent en bois, de même, la jolie poignée et les embouts de pieds sont conservés en métal.

Une banquette

gris-bleu clair

Facile : une planche et des pieds pour une banquette, idéale dans une chambre d'enfant ou un petit salon.

À Paris, les trottoirs de janvier disent toute la frénésie de Noël, de la perspective d'une année nouvelle et des soldes. Ce matin-là, il fait froid et je descends la rue de Bagnolet lorsque je croise un bel étal de meubles et d'objets divers sur un trottoir, que le camion vert n'a pas encore emporté. Je prends soin de tout détailler et de faire une sélection multiple avant de solliciter de l'aide. L'instant qui suit, Giorgio, le fourgon et un peu de gymnastique closent mon intervention.

Dans mon panier, je distingue un piètement d'armoire : un cadre en bois sur quatre pieds. Ils sont coniques, élégants et en palissandre. Les proportions sont idéales. La structure est solide, il me reste à fixer une planche de bois aux dimensions et à penser aux accoudoirs (à faire ou à récupérer). Je fais un inventaire de la « matériothèque » à ma disposition (voir p. 19), je choisis et adapte des pieds biseautés en bois, récupérés d'une ancienne table. Je ravive le bois à la laine d'acier et avec de la cire incolore, puis je visse les pieds sous la planche. Seule l'assise est poncée, peinte puis vernie (en raison de l'usage). Ici, un gris-bleu clair s'harmonise délicatement au bois chaud et doré.

Une armoire

gris-bleu

noir

blanc crème

Utile : un peu de temps et de patience suffisent pour solidifier et régulariser un support à l'origine peu engageant.

Jour de visite chez Emmaüs, l'hiver est vif et mon repérage rapide mais efficace. Je ralentis et suspends ma course devant cette armoire afin d'user de minutie à l'examen du moindre détail car, si ses proportions sont belles, son aspect est piteux. Son élégance a raison de mon hésitation, je conclus l'affaire. Robuste et épurée, elle date des années 1950 et offre une double penderie, à laquelle je préférerai une alternative mixte (étagère/penderie) : une intervention simple à réaliser.

La priorité étant d'abord de refixer la base, je démonte et recolle entièrement l'ensemble du piètement (à la colle à bois), le temps et des sangles feront le reste. Le placage de bois a sauté ici et là sur le corps et en totalité sur les portes, laissant une surface irrégulièrement maculée de colle, je la ponce et l'enduis de pâte à bois. Une fois sèche et après un ponçage énergique et intégral, je retrouve un support lisse prêt à peindre. Il reste à choisir les couleurs maîtresses que je veux sobres : la structure et les portes gris-bleu, l'intérieur blanc crème. L'arête centrale noire, les pieds laissés en bois et les étagères multicolores donnent le rythme.

gris-bleu

bois

bleu nuit

blanc

Une commode

Simple et élégant: un long tasseau de bois rond en guise de poignée, à peindre, à cirer ou à vernir.

L'automne prend fin et la semaine commence lorsque je me décide à visiter Monique, mobilisée par le débarras d'un appartement de famille. Au fil d'une collection d'effets au charme suranné, les meubles exhibent de grand volume (bahut, penderie...). Dans une chambre aux allures de boudoir, parmi une composition hétéroclite de meubles et d'objets, je distingue cette petite commode. Elle est en bois, couverte d'une peinture blanche qui s'écaille, et ses poignées bouton baroques ne m'enchantent guère. Néanmoins, ses dimensions et sa ligne sont convaincantes.

De retour à l'atelier, je m'attelle au décapage intégral de la peinture, à la raclette puis à la ponceuse (gros grain). Je pose une sous-couche blanche sur l'ensemble, excepté sur l'un des tiroirs qui sera simplement ciré. Je choisis un gris coloré bleu clair pour la structure, pour la façade le bleu nuit et le blanc, réchauffés par le bois. L'intervention se conclut par le remplacement des poignées. Je leur préfère de longs tasseaux en bois de section ronde (diamètre 15 mm), je prends soin d'en arrondir légèrement les extrémités avant de les peindre ou cirer. Ils sont ensuite prépercés aux dimensions requises, puis vissés.

gris-bleu

craie

noir

Un rangement à chaussures

Multiple : on peut choisir d'ôter le système de range-chaussures pour préférer des étagères et obtenir ainsi une bibliothèque ou un buffet.

Parce qu'il n'est jamais trop tard, cet après-midi-là, je m'arrête rue de Lagny dans le 20e, pour visiter le vaste dépôt-vente dont on me loue les mérites et la proximité depuis six ans déjà. J'y découvre un espace de 3000 m^2 où s'expose une surprenante variété de styles et de prix. Je ralentis devant quelques belles pièces et m'arrête auprès de ce meuble singulier. À droite, une porte s'ouvre sur une série d'étagères, tandis qu'à gauche, deux portes coulissantes ferment un rangement à chaussures. Quelque peu collectionneuse en la matière, mon intérêt vire à l'enthousiasme, d'autant que sa ligne est simple et ses proportions appréciables : il est asymétrique, large et peu profond.

Il est en bois peint en blanc, sa finition peu commune est chinée et a l'aspect du papier. Un premier passage au papier de verre révèle une peinture peu résistante et fait apparaître les précédentes couches (corail et saumon). Le décapage est donc complet et se fait à la ponceuse électrique au grain moyen. La poussière éliminée, je peux initier les travaux de peinture (sous-couche blanche nécessaire). Le gris-bleu est clair et équilibré de part et d'autre par le noir et le craie. La palette s'adoucit et se diversifie sur les étagères internes déclinées en rose poudré, orange, noir et craie.

rouge dragon

gris bleuté

Un petit buffet

Adaptable : ce petit placard de cuisine sur pieds dévissables trouve sa place dans l'entrée, la chambre, le salon... ou de nouveau au mur pour ceux qui changent d'avis.

Quittant l'atelier un soir d'avril, je longe les poubelles et les encombrants dans le passage, un rituel que je guette toutefois avec attention. Entre des cartons sales et un séchoir à linge, un petit meuble à suspendre me fait de l'œil. Entre l'armoire à pharmacie et le placard de cuisine, sa dimension est singulière. Idéal pour les petits espaces, c'est un rangement discret que je préférerai sur pieds plutôt que mural.

Il est en bois brut, seules les portes sont peintes en blanc. La structure est correcte, l'aspect plutôt sale et une pellicule de colle révèle la présence passée d'un papier adhésif (de l'acétone et un chiffon y remédient). Après le lessivage et le ponçage, j'applique une peinture gris bleuté, bousculée par un rouge dragon sur les portes. Je poursuis en sélectionnant quatre pieds (dévissable) récupérés sur un fauteuil, je les peins puis les fixe sous le meuble, en les vissant à des plaques de fixation droite. Enfin, je déloge les deux poignées champignon en bois, peu esthétiques, et les remplace par des poignées bouton plus petites et en métal.

gris-bleu

craie

anis

vert sapin

rouge dragon

Une étagère

Déclinaison : la multitude d'étagères invite à varier les couleurs. Pour éviter l'effet clownesque, reprenez la couleur majeure et mettez du blanc ou du noir.

Il pleut sur Neuilly-Plaisance quand Aurine, sa caméra et moi œuvrons pour une chronique audiovisuelle sur l'atelier Bulle. La lumière fait défaut mais la pêche est fructueuse et promet un sujet fertile. Je sélectionne de belles pièces sans pour autant céder au potentiel dissimulé de certaines. Cette étagère d'angle ou murale illustre bien mon propos.

Dans son jus, elle ne ressemble pas à grand chose : la peinture blanche s'écaille, un vieux spot électrique agonise entre les fils et les trous, et sa structure en bois tient approximativement. Néanmoins, cette base est idéalement fonctionnelle et propice au jeu des couleurs. Après avoir ôté l'installation électrique, je démonte et recolle l'assemblage en tenon et mortaise (à la colle à bois). Je décape la peinture qui ne peut servir de base pour la nouvelle. Les trous sont bouchés à la pâte à bois (à poncer, une fois sèche). Le gris-bleu stabilise les multiples couleurs des tablettes : rouge dragon, vert sapin, anis, craie et bleu. Prête à habiller et rentabiliser un angle, elle peut aussi s'accrocher horizontalement au mur, à renfort d'une perceuse, de chevilles et de vis.

orange

gris-bleu

craie

Un placard

Simple : la solution que l'on cherche naît souvent d'un geste simple et spontané. Ici, il a suffi de décrocher et poser.

Une matinée de printemps, quand Suzanne débarque avec ces 2 placards de cuisine trouvés au pied de son immeuble, je constate que l'excitation de la chine équivaut au plaisir de recevoir la matière à travailler directement à domicile. Le coffre libéré, ma rabatteuse et amie file au boulot et moi de même. Ce sont deux placards à suspendre, à l'origine indépendants, en bois et peints en blanc.

Les deux meubles sont nettoyés, poncés au grain moyen puis dépoussiérés avant la mise en teinte. J'opte pour une couleur identique (le gris-bleu), seules les portes affichent la différence : les unes orange, les autres craie. Le travail fut facile jusqu'ici, seule la vente pose une difficulté : les placards n'ont pas la cote et se suspendent aux murs de l'atelier depuis trop longtemps à mon goût. Je les déloge et les pose l'un sur l'autre en attendant de voir. Le deux-en-un séduit Giorgio qui solidarise bientôt les deux éléments : une planche mise en sandwich et des vis de part et d'autre. Dans la « matériothèque », nous sélectionnons des pieds de tabouret en métal, qui sont sciés, fixés puis peints en noir pour le rappel. L'ultime étape consiste à déplacer les poignées des portes de la partie basse : dévisser, percer, revisser, reboucher et retoucher à la peinture.

Un bureau

gris bleuté

rouge orangé

noir

Curieux : le bureau de la maîtresse, celui dont on ne voit jamais l'intérieur… Ici, il est vêtu de rouge orangé et d'une simple étagère sur le côté.

Le printemps installe sa douceur et moi des meubles sur le trottoir : je fais la brocante du quartier. À l'heure du café, Émile se présente (chineur amateur de mobilier d'école), il me loue la qualité de sa marchandise et sa disponibilité. Quelques discussions, négociations et livraisons plus tard, l'atelier est muté en salle de classe. Parmi les nouveaux venus figure ce bureau : il s'agit de celui de la maîtresse. Son design est simple, efficace. Un épais plateau repose sur un piètement tubulaire coffré de bois, les lignes s'arrondissent en façade et à l'intérieur.

L'état du plateau et du coffrage est médiocre : le placage en bois est très endommagé, je l'enduis de pâte à bois puis le ponce afin de récupérer un support plane et lisse prêt pour la peinture. Le piètement métallique est rouillé, il suffit de le gratter et de le poncer (au grain moyen) avant d'appliquer une peinture antirouille noire. Le cadre et l'étagère sont en chêne et en bon état, je me contente donc de raviver le bois (poncé puis ciré). Sur le plateau et l'extérieur du bureau, le gris bleuté contraste avec l'intérieur rouge orangé. Le bois et le noir ponctuent et équilibrent l'ensemble.

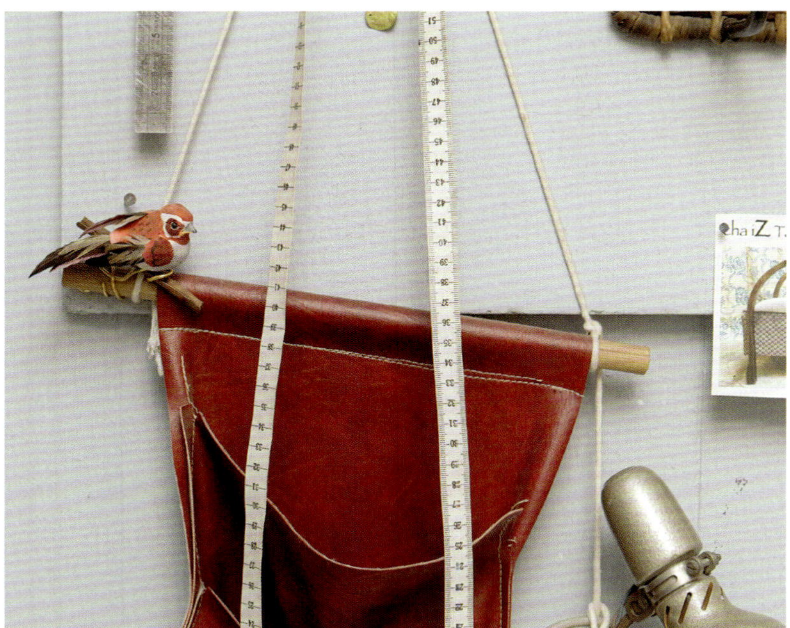

Les gris colorés **au vert**

rouge dragon

gris-vert
mastic

Un guéridon

Pluriel : les contrastes rôdent sur ce petit guéridon, des pieds de style compas à un ovale classique, du rouge flamboyant au gris-vert.

À la fin de l'été, au volant de notre transporteur, Giorgio et moi faisons route vers la vallée de la Loire pour un week-end de détente et de chine. Au hasard des villages, nous nous faisons surprendre par un vide-grenier étendu entre deux champs. Nous parcourons les stands de meubles, objets divers et productions maraîchères. C'est donc en croquant des pommes que nous tombons sous le charme de ce guéridon.

Il est en bois brut et en excellent état. Un plateau ovale posé sur deux silhouettes géométriques donne à cette table une allure singulière, moderne et classique à la fois. Il nous suffit ici d'égrener le bois avant de dépoussiérer et procéder à la mise en peinture. Le contraste des couleurs se joue simplement entre le piètement gris-vert mastic et l'ovale rouge dragon (nécessitant une sous-couche blanche au préalable et un vernissage final). Ce travail est simple à réaliser, idéal pour débuter.

rouge dragon

gris-vert amande

Un buffet

Mélange des genres : le bois flotté et son allure animale sur ce meuble minimaliste, dressé sur deux pieds avant obliques, au design 1950.

Une livraison matinale à Montreuil fut l'occasion de visiter un cousin d'Emmaüs, l'association Neptune. Le quadrillage de la salle des ventes y est clair, l'inventaire se fait promptement et avec plaisir. Au rayon cuisine, entre l'inoxydable et le Formica, je remarque un placard en bois verni qui a sur moi un effet magnétique : ce type de rangement est idéal et simple à détourner.

Il est massif et en bon état, je m'abstiendrai de garder les poignées en plastique et le mettrai sur pieds. Après avoir démonté les portes, je décape le vernis à la ponceuse électrique et traite manuellement l'intérieur, au papier de verre moyen. Le dépoussiérage et une sous-couche blanche m'amènent à la peinture. Un gris-vert amande accueille le rouge dragon qui ancre l'ensemble et joue en douceur la complémentarité (rouge/vert). En guise de pieds, je redimensionne deux tasseaux de bois et deux pieds de chaises récupérés que je fixe à l'aide de queues de cochon et de plaques de fixation oblique. Une branche de bois flotté, ramassée en bord de Seine, sert à la confection des poignées : percées de deux trous, elles sont ensuite vissées à l'endroit des précédentes.

rouge dragon

vert gazon

gris-vert
tendance mastic

Des tables bistrot

Le charme fonctionnel : elles rappellent Paris, le charme de ses bistrots et les murs des espaces cuisine qui se resserrent.

Après des années passées dans le 11e, je constate que seules quelques habitudes laissent place aux rituels. Aussi, le traiteur cambodgien de la rue Keller figurait parmi eux. J'use ici l'imparfait puisqu'un jour, c'est entre le poulet citronnelle et le riz gluant que j'apprends la triste nouvelle, la fermeture. La nature étant juste, une heureuse proposition s'en suit : récupérer certains éléments de la salle. C'est ainsi que deux petites tables bistrot ont quitté ma cantine pour mon atelier. Tables d'appoint idéales, leurs proportions sont adaptées aux contraintes de l'habitat urbain et leur charme suspendu dans le temps.

Véhicules de saveurs chéries et des traces d'un usage conjugué à la friture, elles nécessitent un traitement complet : lessivage à la Saint-Marc, ponçage intégral, puis une sous-couche de peinture métal sur les pieds et enfin, deux couches de peinture traditionnelle sur l'ensemble. La géométrie des plateaux m'invite à jouer la complémentarité entre le rouge dragon et le vert gazon, soutenus sagement par le piètement gris-vert tendance mastic. Le tout est protégé par un vernis hydrosoluble.

rouge orangé

gris-vert mastic

blanc craie

Un bahut

Alternative : remplacer des portes coulissantes en verre permet de réchauffer l'ensemble et de jouer sur les couleurs en mobilité.

La rareté est une qualité. Cet après-midi-là, je l'ai justement appréciée lorsque cette enfilade fait son apparition au beau milieu de la cour, chez Emmaüs à Neuilly-sur-Marne. Elle date des années 1950, le style est chic, clair et les pieds obliques et fuselés. Il s'agit plus exactement d'une vitrine. Les panneaux latéraux et les portes coulissantes sont en verre, seuls la structure et le plateau sont en bois. L'allure est un peu froide et trop transparente à mon goût, je remplace donc les deux portes en verre par trois panneaux de médium de taille et de couleur différentes.

Le placage du plateau a souffert, je l'enduis de pâte à bois avant les étapes ponçage et sous-couche (partie interne incluse). Les arêtes et les pieds en bois sont à unifier (ponçage au grain fin, cire et laine d'acier). Le gris-vert amande domine sur le plateau, la porte centrale et l'intérieur. Le blanc craie et le rouge orangé dynamisent le ton. Un habillage dessine au centre un losange composé d'un quadrillage de trous effectués à la perceuse (mèche de 5 mm). Pour accorder les nouvelles portes, je conçois les poignées à partir d'un tasseau en bois de section carré (scié à 45° pour des extrémités obliques). Je cire et fixe chacune d'elles avec deux vis.

rouge orangé

blanc cassé au gris-vert

bleu outremer

Des tablettes

En forme : une scie sauteuse, une râpe et de l'énergie pour décliner la forme d'un plateau de tabouret (ou tablette).

La génération de mes grands-parents garde peu d'estime pour le mobilier en Formica, ce matériau peu onéreux auquel peu de cuisines ont échappé de leur temps. Je lis sans surprise l'étonnement dans les yeux de mon aïeul lorsque je m'enthousiasme à la vue de trois tabourets consignés à la cave. Nul besoin d'insister pour les récupérer, je l'en remercie. Plus que l'objet en lui-même, ce sont les pieds fuselés que je prise et destine à un autre usage.

Ils sont impeccables : je dévisse chacune de leur assise en Formica pour les remplacer par un plateau légèrement plus grand et en forme de goutte. Sur trois planches de bois carrées, je trace un cercle inscrit à sa dimension puis le découpe en prenant soin de laisser un angle. Je parfais la tranche à la râpe à bois et au papier de verre (gros grain). Je poursuis par les rituels : égrenage, nettoyage, peinture et vernis. L'harmonie est une déclinaison du tricolore national. Le contraste franc se nuance : le rouge est orangé, le blanc, cassé au gris-vert, et le bleu outremer. Chaque goutte est pré-percée puis vissée aux pieds récupérés. Un travail simple à réaliser.

gris-vert amande

crème

Une enfilade

En douceur, les éléments s'allient et se combinent autour du crème : le bois brut et peint, le métal, les complémentaires.

Ce dimanche de juin, arrivée à la porte de Versailles, j'oublie le soleil et consacre ma matinée à déambuler dans un hall immense. Comme chaque année, le salon Emmaüs réunit les communautés de France et d'ailleurs en Europe pour une grande manifestation. Il est recommandé de s'y rendre tôt et en forme, car la foule et la marchandise sont au rendez-vous. Ce meuble ouvre et augure le bal qui durera quelques heures, au terme desquelles je m'en retourne la bourse légère et le coffre chargé. Il s'agit d'un placard à suspendre des années 1950, ses lignes sont franches et épurées. Il est large, peu haut et assez profond. Il fera une belle enfilade une fois remis sur pieds.

L'intérieur est brut et comprend une étagère. Sa constitution est solide, mais la structure ayant bougé avec le temps, les portes coulissent difficilement. Je commence donc par raboter puis poncer le bas de chacune d'elles. Les poignées peintes sont démontées et décapées à l'agent chimique (type Décapex) afin de récupérer le métal d'origine. Une fois sèches, je poursuis à la brosse métallique. D'abord un simple égrenage sur l'extérieur, l'intérieur et les portes. Puis la peinture. J'applique une sous-couche blanche à l'intérieur et sur l'étagère avant deux couches de rouge dragon. À l'extérieur et sur une porte, je préfère le crème au blanc d'origine. Sur la seconde porte, le gris-vert amande est légèrement bleuté. Une nouvelle fois, je fixe en dessous des plaques de fixation oblique et y visse des pieds coniques.

Une coiffeuse

gris coloré
vert

En rondeur : autour des pieds et du plateau, les angles s'arrondissent ; le bois doré et le vert amande prolongent la douceur. La poignée, carrée et noire, ponctue.

Non loin de Paris, une parenthèse dans le pays de Monet est l'occasion de goûter au charme romantique des villages qui se succèdent entre les collines et les forêts. Un dimanche d'automne, à la Roche-Guyon, mon acolyte et moi lâchons le volant pour arpenter ce joli village. Nous y découvrons un improbable salon de thé/brocante au bric-à-brac impressionnant. À la vue de cette petite table d'appoint, coiffeuse ou bureau, nous nous accordons sur son charme et son prix.

Elle est en bois massif et brut. Les sabots de ses pieds, la finesse de ses lignes et l'arrondi du plateau lui confèrent une élégance simple et classique. La poignée est manquante sur le tiroir, un détail facile à résoudre. L'intervention est légère, le bois est à unifier, seul le plateau comporte des traces indélébiles. Je ponce donc au grain fin l'ensemble du meuble et détoure le plateau au ruban adhésif Tesa pour lui appliquer deux couches de peinture avant de le vernir. J'ai désigné un gris coloré clair (vert amande bleuté) pour une harmonie douce avec le bois que je nourris d'une cire incolore. La poignée du tiroir est simplement coupée dans un tasseau de bois de section carré. Pré-percée et peinte en noir, il me reste à la fixer au tiroir à l'aide d'une vis.

turquoise

gris-vert amande

gris-vert amande clair

Un petit bureau

Assorti : cet ensemble studieux taquine le vert, du turquoise éclatant au gris-vert amande et affiche toute sa modernité.

La consolation des chineurs, revenus bredouilles des brocantes dominicales, se trouve en banlieue et le lundi soir, veille du ramassage hebdomadaire des encombrants. Un soir de juin, circulant dans les rues de Montreuil, je charge tranquillement mon camion du trop-plein des autres, notamment avec ce bureau d'enfant. Je le trouve en mauvais état, l'assemblage est décollé et le plateau, victime du temps. Mais, au vu de la demande croissante de mobilier pour enfant, je n'hésite pas longtemps.

Arrivée à l'atelier, je désolidarise les 4 pieds, profite de leur maniabilité pour les poncer (grain moyen) avant de les refixer à la colle à bois et de sangler le tout. Je poursuis le ponçage sur le reste du meuble et le tiroir, décape le plateau au gros grain et l'enduis de pâte à bois (à poncer une fois sèche). L'heure est à la peinture, je prends un gris-vert amande légèrement soutenu pour les pieds et le tiroir (y compris la poignée coquille en métal préalablement sous-couchée) et pose un turquoise sur le plateau J'associe ce petit bureau à une chaise d'écolier peinte dans un gris-vert amande clair.

drôle de journée

Le blanc **cassé**

noir

jaune acide

bleu ciel

blanc

Un buffet

Au choix : ce buffet de cuisine typique (2 tiroirs / 2 portes) peut accueillir les couverts et les plats, comme les dossiers ou encore les tee-shirts et les chaussettes.

À l'heure du thé, entre porcelaine et nuage de lait, Michelle me propose un tour dans sa cave. Petit royaume de poussière et de vrac dont le fond abrite deux buffets des années 1960 que je ne peux négliger. Jadis incontournable dans la cuisine, ce rangement idéal visite aujourd'hui allègrement nos salons ou nos chambres. Remisés ici pour être oubliés, ils sont aujourd'hui confiés à mes soins. Leur structure est identique et en bon état : en bois, peint en blanc. Le plateau, les portes et la façade des tiroirs sont en Formica gris. Mais Michelle exècre ce plastique qui a « mal décoré son enfance » et aime le gris du ciel. Je lui suggère de tout conserver, et de l'aider à oublier la matière et le temps.

La structure en bois est entièrement poncée (papier de verre, grain moyen), tandis qu'un égrenage sur le Formica suffit pour accueillir une sous-couche d'accroche tout support et éviter les rayures. Toutefois, je conserve la bande de plastique noire qui borde élégamment le plateau et les portes. L'alternance linéaire du noir et du blanc crème révèle la vitalité du bleu ciel et du jaune acide. Surprise au remontage, je constate que la porte droite s'ouvre par le bas. L'incident créant l'alternative, la gestion hâtive des charnières invite à une gymnastique. J'ajoute cependant une poignée bouton sur le haut pour plus de facilité.

rouge pompier

bleu canard

bleu nuit

blanc cassé mastic

Une enfilade

Généreux : un meuble à musique, initialement, qui offre différentes options de rangement. Sa solidité et sa hauteur invitent à y disposer des coussins et à s'y poser.

C'est l'automne et le soir s'annonce. Au volant du fourgon, je quitte Montreuil pour Paris. Dans l'épaisseur du trafic, le seuil de la ville se dessine lentement jusqu'à ce qu'un détail sur le trottoir détourne mon attention, puis ma route. C'est une enfilade aux belles proportions. Une intéressante combinaison de rangements offre une ligne graphique à ce meuble contemporain. En revanche, sa structure en bois teinté est foncée et congédie la lumière.

Il est solide et en bon état, il suffit de bien le nettoyer avant de procéder au ponçage à l'aide d'un papier de verre (grain moyen). Il est ensuite repeint, excepté dans les niches trop étroites pour être correctement traitées. Pour accueillir la lumière et les couleurs avec légèreté, je choisis une nuance claire et neutre (blanc cassé mastic) pour l'ensemble de la structure extérieure et la niche centrale. Les bleus (canard et nuit) d'une part et le rouge pompier de l'autre ouvrent un dialogue contrasté que le bois ponctue discrètement.

blanc

jaune d'or

craie

Une commode

Simple : moins il y en a, mieux on voit. La simplicité appelle la lumière et la couleur qui règnent alors en maîtres.

Un beau jour de mai à l'atelier, une cliente, venue initialement et spécialement acheter un bureau, tombe en émoi devant une grande commode multicolore. Elle en possède déjà une mais, à cet instant, l'envie est plus grande que le besoin. Décidée, elle me propose alors de me céder la sienne en échange d'un petit geste commercial. Suite à un série de mails et de photos, ma cliente a satisfait son désir et moi, acquis cette petite commode trois tiroirs en sapin. Ses proportions sont belles, son allure simple et ses tiroirs sans poignées soulignent un certain minimalisme.

Brute et en bon état (la structure est bonne et les tiroirs coulissent bien), elle n'a pas nécessité une grande préparation : le ponçage (grain moyen) fut rapide mais exhaustif. Initiant la mise en teinte par une sous-couche blanche, je choisis d'épargner le plateau. Sous l'influence certaine du soleil de printemps, je favorise une harmonie lumineuse (du jaune d'or, du craie et du blanc) équilibrée par le bois sur plateau que j'ai nourri et protégé à la cire.

blanc

gris coloré
au vert

vert anis

Une bibliothèque

Équilibré : un rangement fonctionnel et esthétique, classique et graphique où les valeurs et les températures s'opposent (blanc/bois foncé) et s'accordent (gris coloré/vert anis).

Nous sommes en avril et de passage en Anjou, je rentre bredouille mais enjouée d'un vide-grenier local. Je m'arrête un instant pour saluer mon oncle qui, plus navré que moi par cette journée infructueuse, insiste déjà pour me donner quelque chose. Si, si !... Mais non !... Ah si !... Bon. Chez Jacques, le salon héberge une petite bibliothèque en bois sur laquelle s'épanouit allègrement un bouquet de pivoines. Ce sera celle-ci.

Petite et peu profonde, ses proportions sont idéales. Trois espaces de rangement différents la composent et lui confèrent une asymétrie appréciable et propice au jeu de couleurs. Le bois est foncé et verni, mais néanmoins chaleureux et de belle qualité. Je choisis donc de poser d'abord la peinture en façade (à l'intérieur des niches et sur la porte) et déciderai ultérieurement du traitement de la structure (la repeindre un non). Je m'attelle au ponçage (grain moyen) de ces parties après avoir démonté préalablement la porte (et sa poignée). Le vernis disparaît facilement, il s'agira d'appliquer ensuite une sous-couche blanche (voire deux si très diluée) : nécessaire sur un support aussi foncé qu'une peinture plus claire peine à couvrir. Les couleurs sont initiées par le blanc (très légèrement cassé au craie) qui injecte instantanément de la lumière, le gris coloré (au vert) est clair et stabilise le vert anis qui apporte mouvement et vivacité. Le rendu graphique des couleurs et la structure foncée en bois s'associent bien, l'intervention s'arrête là.

noir

craie

blanc

rouge terre

Une commode

Utile : allié à la chambre, ce meuble s'adapte au fil du temps et des différents espaces de la maison. Un des meubles qui se garde et se transmet le plus.

La commode est un meuble qui porte bien son nom, puisqu'il caractérise toute chose favorable et se prêtant à l'usage requis. En effet, je constate à l'atelier qu'elle est l'un des meubles de rangement les plus demandés. Je suis peu friande des achats sur Internet, cependant j'ai acquis celle qui est présentée ici sur cette plateforme aujourd'hui incontournable : Le Bon Coin. Je n'ai pas regretté mon geste. Certes, le charme de la déambulation et de la chine n'y sont pas, mais le déplacement fut simple (Paris intramuros) et la rencontre claire et sympathique.

Il s'agit d'une commode quatre tiroirs en bois verni, son style inspiré des années 1950. Sa structure est bonne, seuls les tiroirs sont à solidifier. Le bois est chaud (aux accents orangés) et bien entretenu, je n'hésite pas un instant et choisis de conserver la structure en l'état, les tiroirs seront peints en façade. Le travail s'ouvre avec la réparation de ces derniers : je les désolidarise entièrement à l'aide d'un maillet (l'assemblage est en tenon mortaise), j'applique généreusement la colle à bois (au pinceau) avant de réassembler, puis sangler chaque élément. Quelques heures plus tard, après avoir ôté les poignées, je peux décaper les façades de tiroirs au papier de verre (grain gros et moyen).
Je mise sur la sobriété et m'accorde au ton du bois avec le rouge terre (entre rouge et marron) tandis que la lumière se discute entre le craie et le blanc, enfin le noir ponctue et souligne l'ensemble.

blanc crème

bleu-vert

Un buffet

Répétition : remettre sur pieds un vieux meuble pour lui donner un nouvel aspect, une autre dimension et changer sa destination.

Ma voisine vient régulièrement me saluer mais, ce matin-là, son empressement est manifeste. À deux pas d'ici, elle a repéré des « meubles extra pour moi ». Gagnée par l'enthousiasme, je sors le diable et lui emboîte le pas. Sur le trottoir, une cuisine sans domicile fixe dévoile les vestiges d'un règne passé : celui du Formica. S'ensuivent quelques allers-retours et mes remerciements à la voisine. Je compte une table, des chaises, un buffet et ce placard, un modèle à suspendre qui complètera la série des placards sur pieds. Il a de belles proportions et une combinaison de 3 portes en Formica que je conserve. Autour et sur les poignées, le noir souligne délicatement le bleu-vert chiné de gris.

La structure est saine et en bois. Sur l'extérieur, la peinture jaune s'écaille, tandis que l'intérieur est resté brut. Un décapage externe à la ponceuse (gros grain), un simple égrenage interne et une sous-couche blanche sur l'ensemble sont nécessaires. Je mise sur la discrétion d'un blanc crème pour servir les trois portes et sur l'éclat du rouge dragon à l'intérieur. Les pieds ajoutés (vissés sur des plaques de fixation oblique) sont achetés chez le menuisier, prêts à être vissés. Je ne peux inverser que deux portes, la troisième conserve donc sa poignée en bas, une bonne alternative à la symétrie de l'ensemble.

noir

blanc cassé
mastic

craie

Des chevets

Utile : à tout garder, on finit toujours par trouver des combinaisons et ainsi varier les fonctions des uns et des autres.

De retour à l'atelier après une virée fructueuse chez les Compagnons, je retrouve Mélissa : nous déballons et inventorions joyeusement la marchandise. Quand vient le tour de deux blocs tiroirs en bois brut, un ange passe. Je reconnais qu'il n'y a guère lieu de s'exciter, mais j'apprécie leur côté pratique, sans ambition esthétique. Leur structure est correcte et les tiroirs coulissent sans difficulté.

Le traitement commence par le ponçage au grain moyen, afin de supprimer les rayures, et se poursuit par l'application d'une sous-couche d'accroche tout support sur les taches d'encre qu'une peinture traditionnelle ne couvre pas (même en couches multiples). L'aspect du bois et le choix des couleurs me permettent d'appliquer directement la peinture. La palette est classique : le noir, le craie et le bois s'entourent d'un blanc cassé mastic. Plus tard, parmi les accumulations de l'atelier, je choisis de condamner deux tabourets en Formica pour utiliser leurs pieds et donner un peu de hauteur à ces caissons. Je démonte d'une part les assises puis, de l'autre, je perce quatre trous sous chaque caisson pour fixer ensuite le piètement par l'intérieur à l'aide de vis et de boulons.

noir

vert fluo

blanc cassé mastic

Une table

Graphique : une touche fluo réveille et donne toute sa vigueur à cet ensemble de lignes et de nuances basiques.

Le printemps est à son apogée et le week-end est familial, je suis de retour dans l'ouest parisien. Au menu des réjouissances, il y a le poulet, la balade en forêt mais aussi une brocante associative à Garches que je ne manque jamais de visiter. Niché entre le cimetière et la déchetterie, ce petite sanctuaire me laisse rarement partir les mains vides. Et ce lundi matin, j'en sors avec cette table à abattants.

Sa dimension est idéale pour les petits espaces et ses trois positions adaptées à différents usages (table/bureau/console). Elle est en pin, ni vernie, ni cirée, un simple égrenage suffit à la préparer à la peinture. Le contraste choisi est simple et neutre : le noir sur les pieds et la tranche du plateau (ce dernier étant peint d'un blanc cassé mastic, puis verni). Pour la vigueur, j'ajoute un ruban de toile adhésif vert fluo sur la tranche du plateau central.

blanc

bois

Un meuble tv

Transmission : de la rénovation à la création, les portes continuent de coulisser, les pieds de s'ajuster et se visser. Le style et les choix varient et se perpétuent.

À l'atelier, les années et les meubles sont passés, en nombre et en variété. La synthèse de cette expérience et les rencontres ont porté naturellement le projet Bulle à s'élargir. Désormais, l'atelier propose aussi une série de créations que ce meuble a initiée. Le principe est une base simple (un module à portes coulissantes), propice aux déclinaisons (dimensions, formes et couleurs).

Il s'agit d'un assemblage en bois contreplaqué peint. Les portes sont respectivement en médium et en contreplaqué teinté/ciré ; elles s'intègrent et coulissent grâce à une double rainure intérieure. Les pieds coniques sont en hêtre, cirés et vissés sur des plaques de fixation oblique. Sur ce premier et petit modèle, le blanc domine et les bois diffèrent, stabilisent et soutiennent. Sur l'une des portes, une série de trous percés dessine un motif d'arabesques. En rappel, la seconde poignée est une pastille de bois ronde, peinte en noir et collée.

Souvent apprécié comme meuble tv, ce modèle varie et évolue dans une gamme allant jusqu'à l'enfilade.

Sièges **relookés**

cha iZ
tapissière

Charlotte Izambard
Tapissière
chaiztapissier.wixsite.com/valdeloire
@chaiztapissie

Introduction

À chaque époque, son style de mobilier. Mais si l'histoire défile, les objets restent, traversent les courants et les tendances. Ils sont la mémoire d'une époque, d'un air du temps passé. Le siège est l'objet du style par excellence. De la toute première caquetoire Renaissance à la chaise Ghost de Starck, il y a des mondes, des codes de bon goût, aujourd'hui des tendances. Il y a des lustres du cabriolet au crapaud, de la duchesse brisée au Togo de Ligne Roset.

On reprend, on ressort, on mélange. Aujourd'hui, il ne nous viendrait plus à l'idée de réaliser un décor complet dans un même style. Nos intérieurs sont multiples, et nous jonglons avec plusieurs styles : une lampe Art Déco, une bergère de famille, un guéridon Napoléon III, un bureau pieds compas des années 1950, une table de cuisine en Formica, le tout enrichi par des trouvailles rapportées de nos voyages à l'étranger.

Malgré la valse des enseignes mondialisées et la standardisation du mobilier, j'espère qu'on pourra toujours trouver en fond de cour quelqu'un, dans son petit atelier, qui saura réparer, raccommoder, retaper chacun de nos objets trouvés, chinés ou hérités. Depuis l'obtention du CAP tapissier d'ameublement en 2007, je colle, cloue et guinde, couds, tapisse, emballe et remets sur pieds poufs, bergères, crapauds, chauffeuses et autres cabriolets chinés, trouvés, donnés, cassés, hérités, sur commande ou à emporter tout faits. Car un fauteuil vermoulu n'est pas toujours à mettre au rebut !

Les idées, les créations, les ingéniosités foisonnent sur les salons de créateurs, dans les magazines et les vitrines déco. Et des expos à la réalisation pour sa maison, il n'y a qu'un pas. Partout, une profusion de meubles à restaurer nous attend, sur les brocantes, les ventes aux enchères, les puces et les salons d'antiquaires. Des montagnes de tissus, une nuée de couleurs, de tons et de textures, de provenances diverses sont à notre disposition. Le panel et les gammes sont impressionnants. Soierie ancienne, velours, lin, damas, tissu uni, à motifs, à grosses fleurs, ou plus léger, cuir – pourquoi pas de couleur –, vinyle, croco, voire une tapisserie XVIIIe... l'habit fera le moine !

Ici, vous trouverez quelques idées pour réaliser vos envies et développer votre créativité, pour donner de la personnalité à votre mobilier. Vous verrez comment, avec un peu d'imagination, vous pourrez habiller vos fauteuils anciens, les détourner et les customiser. Les sièges présentés ont été chinés, ils sont en bon état et leur assise n'a pas nécessité de réfection. Car ce travail de réfection en garniture demande un savoir-faire et des techniques que vous trouverez auprès de votre artisan-tapissier.

Les outils

Quelques outils indispensables pour customiser votre chaise :

Un ramponneau...

Ce marteau garnisseur permet d'attraper les semences avec précision grâce à sa lentille aimantée.

... ou une agrafeuse manuelle

Manuelle ou pneumatique, elle fixe le tissu bien à plat et permet de faire un excellent travail. D'une main, tirez le tissu, de l'autre, agrafez.

Un cutter

Une paire de ciseaux

Une pince à tout

Un mètre de couturière

Un tire-sangle

Il permet de tendre les sangles, en faisant levier sur les traverses en bois.

Un carrelet ou aiguille courbe pour les finitions

Quelques houzeaux

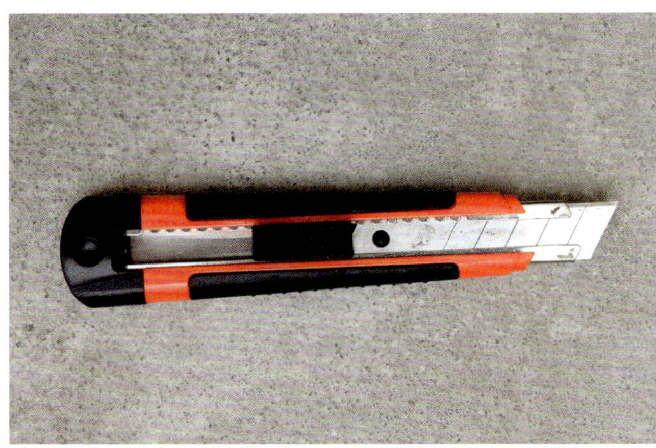

FISKARS

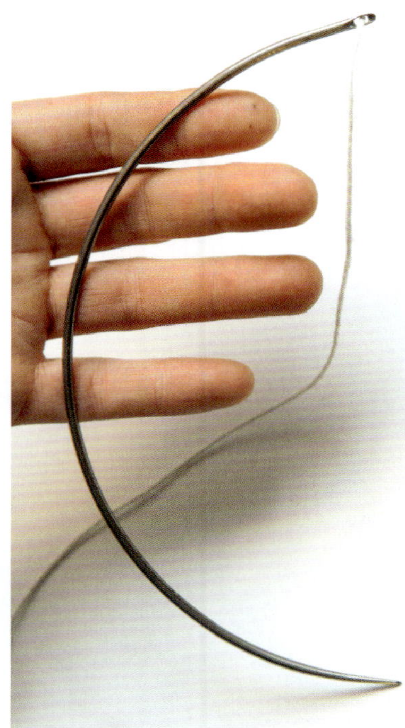

Les outils *(suite)*

Un maillet et un ciseau à bois

Les semences de 3, 6 et 12

Le découpe-mousse

Un couteau à découper la viande permet de pallier l'achat d'une machine à découper la mousse pour de petits travaux. Par ailleurs, les vendeurs de mousse sont généralement équipés de machines et se feront un plaisir de découper votre mousse au bon gabarit.

Une machine à coudre

Pour réaliser les passepoils, les coutures de platebandes et les coussins.

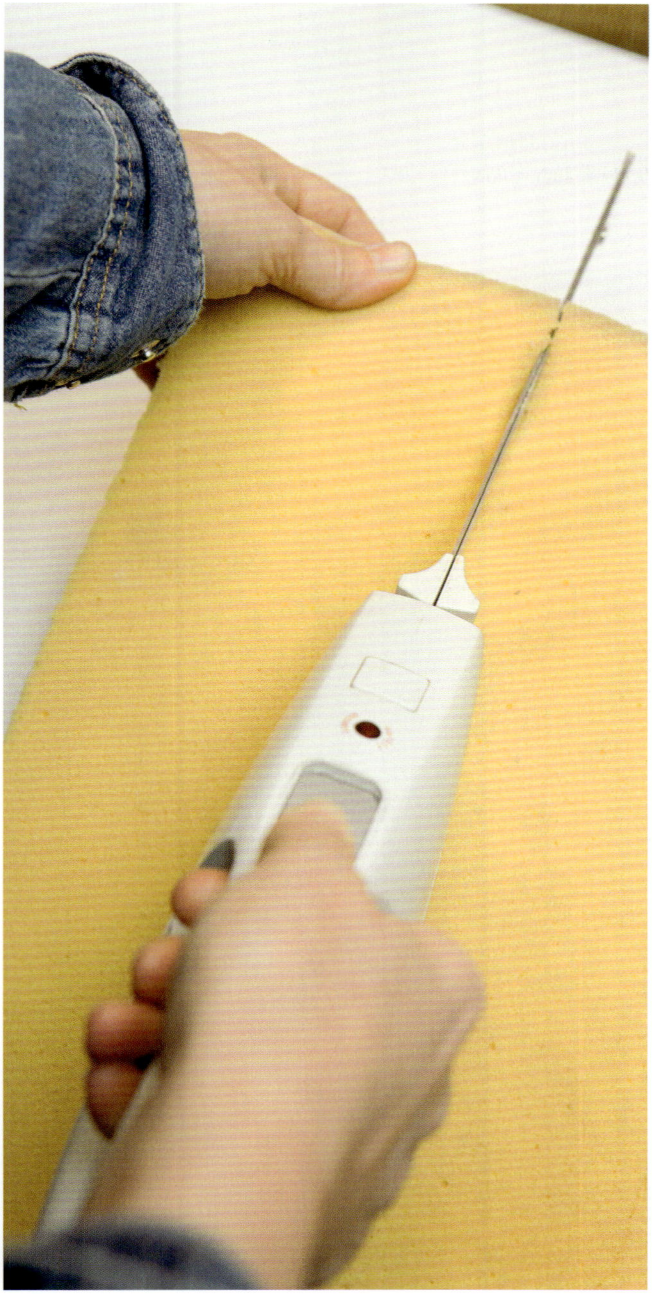

Les matériaux et matières premières

Sangles, semences, toile forte, crin végétal, mousse, toile d'embourrure, toile blanche, ouate de coton ou synthétique, colle à galon, clous dorés de finition, galon et passepoil achetés dans le commerce.

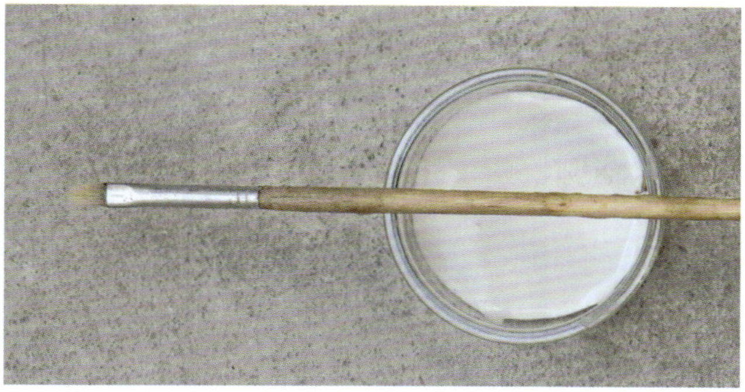

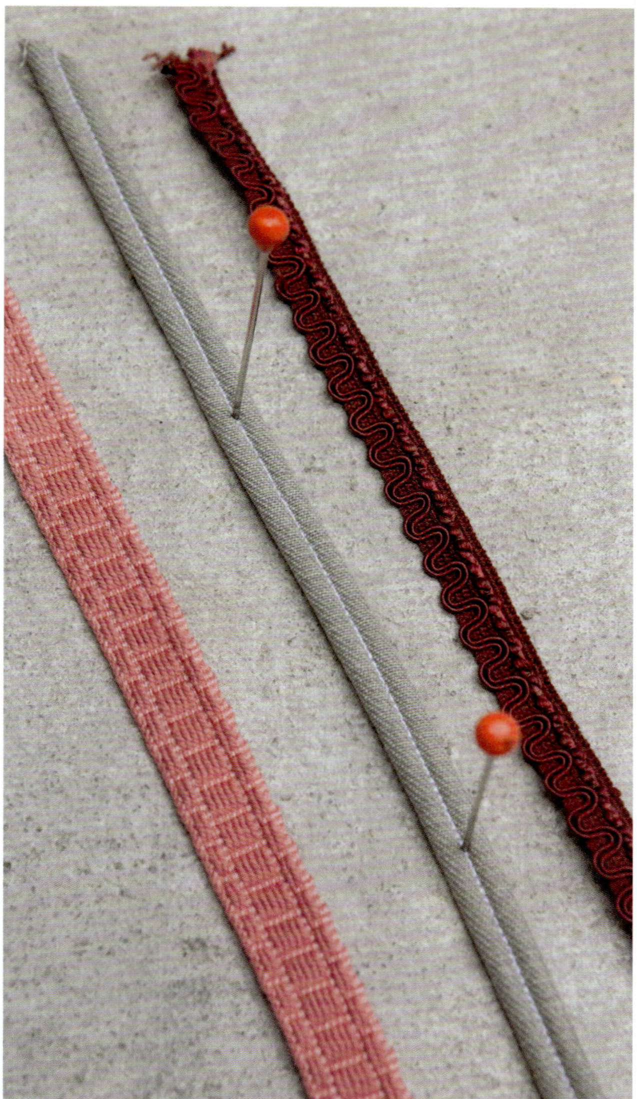

Les étapes

1 - Dégarnir

C'est mettre le siège à nu et ne conserver que le fût, la structure en bois. Il s'agit de retirer le tissu ancien ainsi que la ouate, la toile blanche et toute la garniture. Pour ce faire, on utilise un maillet et un ciseau à bois pour retirer les semences, un tire-agrafe pour ôter les agrafes.

2 - Recoller et poncer

Le bois à nu, il est temps de recoller les traverses pour les consolider et de poncer les bois pour ensuite les peindre, les vernir ou les cirer.
Pour les structures métal et inox, on utilisera un décapant métaux avec une paille de fer très fine pour rénover les aciers et faire disparaître les piqûres de rouille.

3 - Le sanglage

Il s'agit de réaliser une plateforme de sangles entrecroisées rigide, solide, qui recevra l'ensemble de la garniture.

4 - Le guindage

La pose des ressorts et le guindage sont une étape complexe qui nécessite le savoir-faire d'un artisan-tapissier. Il faut, en effet, nouer les cordes à guinder aux pavillons des ressorts. Ainsi, elles les abaissent et les maintiennent à la hauteur désirée, donnant souplesse et robustesse à l'assise. Il existe différentes hauteurs de ressorts ; à chacune son usage (matelas, clubs, crapauds et bergères, galettes...).

5 - La mise en crin et le rabattage

Une fois le guindage réalisé, il est nécessaire de poser une toile forte cousue aux ressorts, qui va accueillir la garniture en crin. La quantité de crin souhaitée, végétal ou animal, est enroulée et maintenue par des lacets pour réaliser une assise ferme et serrée. On emballe ensuite cette masse de crin en modelant sa forme petit à petit pour qu'elle prenne la forme du siège, qu'elle suive les courbes des traverses, avec toujours le souci de respecter la fuite : la garniture fuit vers l'arrière de l'assise et la flèche, elle, bombe au centre et sur l'avant du siège. La garniture sera piquée au moyen de carrelets courbes et de ficelle à piquer, pour lui donner sa forme définitive et en assurer la pérennité.

6 - La découpe de la mousse

Plus simple, la mousse peut remplacer une garniture en crin piquée. De plus, son élasticité fait office de ressorts. Bien sûr, cette matière synthétique n'a pas la même résistance au temps, à la lumière et aux variations de température que le crin, végétal ou animal, naturel.

7 - La pose de la toile blanche et de la ouate

Une toile blanche et une ouate coton ou synthétique viennent en couverture de la garniture de crin ou de mousse. Pour la mise en blanc (pose de la toile), appointez droit-fil la toile blanche sur ses axes milieux et avant-arrière de traverses. Commencez par l'arrière du siège, tendez bien vers le devant et ensuite sur les côtés. La ouate est indispensable entre la toile blanche et le tissu. En effet, une épaisseur de ouate protégera durablement les tissus délicats et la mousse de la lumière.

8 - La pose du tissu

Cette pose est complexe. Avant tout, définissez le métrage du tissu en prenant des cotes larges : la hauteur et la largeur, d'un bout à l'autre du bas des traverses de votre chaise, voire du dessous au dessous. Une fois le tissu découpé à des dimensions plus grandes que l'assise, appointez d'arrière en avant et sur les côtés, en respectant le droit-fil du tissu et les motifs, en veillant bien évidemment à ne pas déformer les rayures ! Réalisez ensuite des échancrures qui vont entourer les pieds et les accoudoirs. Pour cela, la coupe de tissu retourné, en place sur l'assise, se fait en Y, en respectant la diagonale parfaite de l'angle du bois. Le tissu est ensuite replié vers l'intérieur et fixé définitivement avec une semence ou une agrafe sur les taquets.

9 - Les finitions

Il est nécessaire de cacher les semences et les agrafes pour finir la recouverture. Les finitions sont multiples. On peut utiliser du galon. C'est une passementerie d'agrément qui peut être plate, frangée, en double passepoil, torsadée… Le galon sera collé à la colle à galon sur le tissu coupé ras et permettra ainsi de cacher tous les points de fixation. Les clous dorés, eux, sont positionnés sur le tissu retourné.

Une chaise Napoléon III

Cette chaise dans l'esprit Napoléon III est réinventée et son style complètement détourné pour lui donner une personnalité en dehors des codes habituels.

coton motif cinétique années 1950

tissé graphique

tissu cinétique

Nous sommes au Second Empire, Haussmann est chargé par Napoléon III, neveu de l'empereur Napoléon Ier, de rénover Paris. Fini les ruelles sombres, étroites et insalubres. On perce de grandes artères, de larges avenues ensoleillées et désormais arborées. On codifie, on harmonise ; les immeubles feront cinq étages, inspirés du style antique, strict et régulier. La petite bourgeoisie s'installe sur les grands boulevards dans des appartements cossus qu'il faut meubler : sièges, guéridons, tables gigognes, crapauds, confidents et petites chaises volantes pour chaque pièce.

Ici, il s'agit d'une chaise bien postérieure à l'époque, une inspiration en bois noir, « dans le goût de » Napoléon III. Je décide de détourner le style, pour lui donner une allure singulière et graphique.

À la place du capiton comme dans les chaises charivari, je me tourne vers le travail de Lisa Sanchis pour revêtir le siège. Je choisis cette pièce d'assemblage de tissus en losange réalisée avec minutie et patience, de couleurs vives, acides, électriques complètement anachroniques. Comme une référence au travail de Vasarely, des tissus à effet d'optique, des motifs géométriques parfois psychédéliques donnent l'impression de mouvement.

Avant

Après

Une chaise tubulaire

Cette chaise rigolote, typique des années 1950-1960, au design ludique et sans prétention, est passée de la cuisine à un petit intérieur parisien haussmannien.

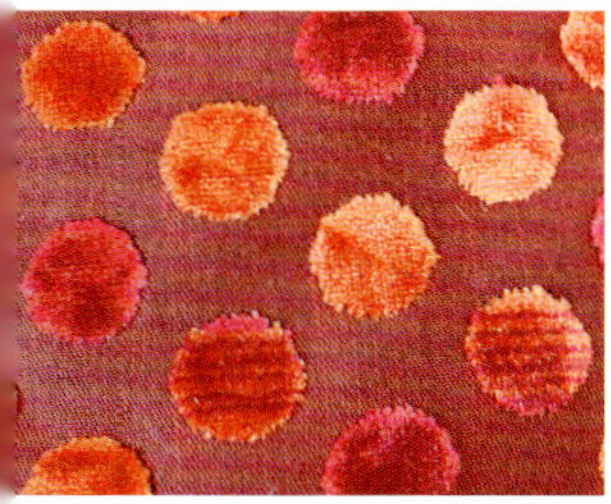
velours à pois

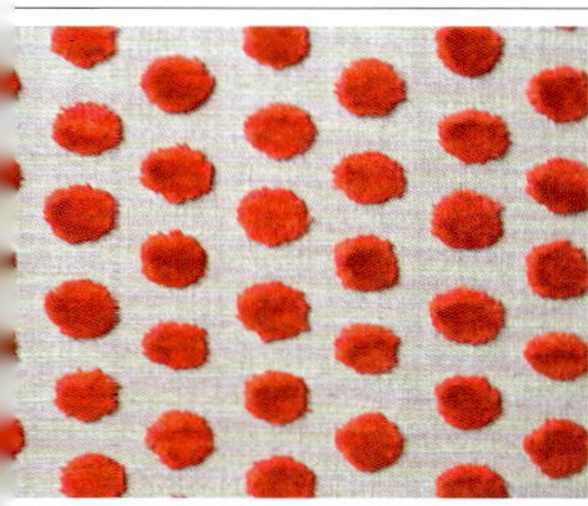
velours à pois rouges

fleurs stylisées

Sa structure tubulaire est légère et son Skaï est rouille et collant ! Je décide d'accentuer le côté ludique de ses formes organiques et végétales avec l'utilisation d'un velours à fleurettes de chez Jules Pansu. Son motif marguerite répond en effet aux pétales du dossier et la douceur du velours de coton apportera davantage de féminité à cette petite chaise amusante qui a trouvé sa nouvelle fonction en égayant une table de convives.

La pose de l'assise est simple. Placez une couche de ouate sur la mousse, car cette dernière est très sensible à la lumière qui la rend sèche et cassante. Le Skaï opaque protège la mousse de la lumière mais pas le velours. Pensez à toujours appointer de l'arrière vers l'avant pour bien tendre le tissu. Pour le dossier en pétales, la tâche est plus délicate et minutieuse. Agrafez la face sur l'arrière et venez coudre le dossier extérieur au point caché.

J'aurais pu opter pour un tissu aux petits imprimés coquilles Saint-Jacques, avec de grosses fleurs stylisées ou des formes plus rigoureuses : tous les tissus conviennent à ce genre de chaise qui peut s'adapter à tous les usages et toutes les pièces.

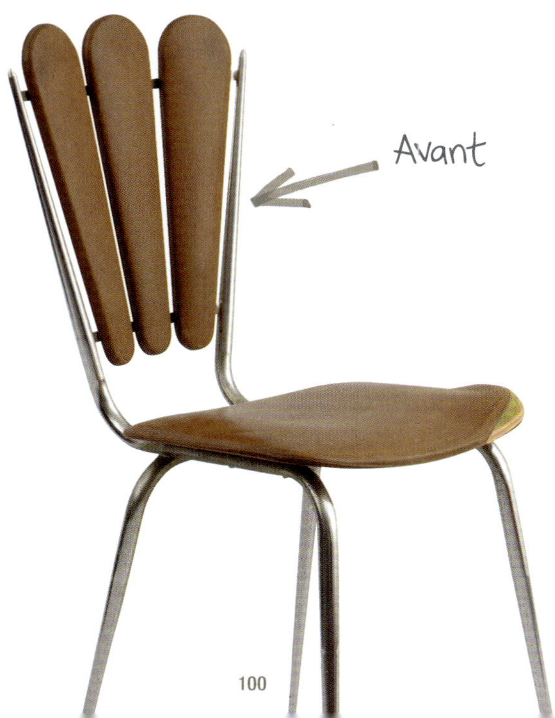

Avant

Après

Une chaise années 1950

Courant, populaire, recouvert de moumoute, souvent relégué au bureau ou à la chambre d'enfant, ce modèle fait son come-back dans nos intérieurs.

velours à pois jaunes

velours côtelé jaune

velours nid d'abeille gris

Ce modèle des années 1950 est une inspiration de la chaise n° 72 imaginée par Eero Saarinen pour les bureaux de General Motors en 1945. L'habit de moumoute vive et synthétique ne met pas en valeur la forme design et ergonomique de cette chaise légère, pratique et particulièrement confortable.

J'aime beaucoup le mobilier des années 1950. Après-guerre, les matériaux venant à manquer, les objets tendent vers plus de simplicité et leur ligne est épurée, dotée d'une véritable recherche esthétique. Le style est de facture simple, équilibrée. L'utilisation du peu est son point d'orgue. Le style est chiche, et sa seule fonction est l'utilité. Avec son dossier en gondole, cette chaise épouse parfaitement les reins, sans gêner les mouvements : beaucoup d'ingéniosité pour une grande ergonomie.

Sortie des greniers et garages, réapparue sur les brocantes, elle n'attend plus qu'un relooking. Fini les moumoutes synthétiques flashy et son air enfantin. Je décide de rendre à cette chaise son élégance perdue. Elle reprendra ainsi place au centre des appartements. Au salon, au bureau, autour de la table, c'est la touche « pop » inattendue.

Avant

Après

Un pouf carré

L'idée est de donner du caractère à ce pouf carré, objet ordinaire sorti en grand nombre des ateliers de la grande distribution.

canevas flamant rose

canevas fox

guirlande de fleurs

L'objet est commun puisqu'il s'agit d'un pouf carré de facture industrielle. Véritable objet de consommation, il est utile de multiples manières : en bout de canapé, en pouf dans le living-room, en repose-pieds ou encore en assise d'appoint. Le parti pris ici est de lui apporter un cachet kitsch, drôle et suranné.

Bille en tête, je pars chiner dans mes vide-greniers, brocantes et dépôts-ventes préférés de nombreux canevas réalisés à la main. Caniche, chien-loup, chat, perroquets, flamants roses pour les amateurs de bestiaire ; *Glaneuses* et *Angélus* de Millet, ou *Laitière* pour une touche muséographique ; ou encore Pierrot dans la lune, scènes bucoliques, moulins à vent et autres chasses à courre… Tout est une histoire de goût.

Avec ces canevas assemblés, cousus, adaptés aux bonnes dimensions, il s'agit de réaliser une housse qui viendra empocher la structure existante et habiller les cinq faces du pouf.

Avant

Après

Une chaise volante

La petite chaise volante va retrouver tout son charme avec une tapisserie dans le pur respect de la tradition du XVIIIe siècle.

couronne de fleurs

tapisserie en bouquet

tapisserie religieuse

Ce modèle en bois fruitier, fragile et léger, est une chaise d'apparat, d'appoint, à placer en valet dans une entrée ou une chambre. L'esprit est classique, romantique avec son bouquet bucolique.

Cette tapisserie en couronne et bouquet réalisée au point à la main, conçue pour habiller une assise de chaise ou un dossier en médaillon, est ce qu'on nomme un motif placé. Les bouquets, les couronnes de fleurs, les corbeilles, ces « ouvrages de dame », représentatifs de l'esprit du XVIIIe siècle, étaient réalisés par les femmes éduquées à magnifier les travaux de broderie, de canevas et de couture pour la maison. Cette tapisserie est douce et romantique, champêtre et simple pour une touche féminine.

J'ai appointé, puis fixé le canevas sur la ceinture de l'assise et j'ai réalisé de petits plis en tête de pied. Un galon plat discret, collé, vient finir la garniture de cette chaise délicate.

Avant

Après

Une petite chaise Art Déco

Comment restaurer et donner une seconde vie à ce modèle populaire de chaise Art Déco en employant la technique simple du patchwork.

patchwork de tissus d'éditeurs

patchwork de tissus d'éditeurs

fleurs stylisées

Sortie tout droit des ateliers de menuiserie des faubourgs, cette chaise a été retrouvée en vente à La Samaritaine dans un catalogue de mobilier datant de 1922 ! Elle est de style Art Déco, sa ligne est droite et carrée. Après l'engouement des courbes organiques et végétales de l'Art nouveau, le style Art Déco était une recherche esthétique vers des formes épurées. Ce modèle fait partie des premières séries de mobilier vendu dans les grands magasins. Chaise de salle à manger, elle s'associait à une table tout aussi carrée.

J'ôte le cannage abîmé pour le remplacer par une plateforme sanglée serré qui accueillera une garniture de crin très légèrement bombée. J'aime les patchworks, et surtout je suis bien incapable de jeter, je préfère donc réutiliser. Cette technique utilitaire est devenue un art populaire raffiné. Souvent faite de cotonnades souples Liberty, elle nous vient des traditions anciennes où l'on rapiéçait et assemblait les morceaux quand les tissus venaient à manquer.

J'ai repris ici cette technique avec des carrés de tissus d'éditeurs de la rue du Mail, avec une gamme de couleurs de deux ou trois tons et différentes matières : velours, soies, cotons et damas.

Avant

Après

Un fauteuil bridge

Il s'agit de revisiter le code du tricot. Redevenue tendance, la maille tricotée s'invite dans les rues et sur les fauteuils pour un peu de douceur et de couleur.

laine mélangée

jacquard

torsades

Sur une expo de créateurs, je rencontre Valentina Katina, une créatrice qui diffuse sa marque de tricots pour chiens. J'ai tout de suite envie de revêtir une chaise de ses réalisations en point mousse. Elle confectionne, je pose.

Notre intérieur sera donc « habillé pour l'hiver », à l'image des habitats du nord de l'Europe. Les matières sont douces et naturelles pour apporter chaleur, confort et détente quand le froid cingle et qu'on aime à se lover au coin du feu. Mettons le mobilier au chaud, parons-le de tricots, vêtons-le de nos pulls de laine à recycler ! Les tissus doux, et particulièrement les lainages, sont à privilégier dans les chambres, les coins lecture et cheminée qu'on souhaite douillets car ils réchauffent les pièces et créent une douce intimité.

Tricoter n'est plus une activité réservée aux grands-mères. Le tricot est même tendance depuis qu'il investit les rues. Ainsi, le « yarn bombing » ou « tricot urbain » est un mouvement résolument artistique, initié par Magda Sayeg et aujourd'hui repris par le Collectif France Tricot, qui décore, habille le mobilier urbain, les arbres et les bancs publics de tricots fous et de mailles colorées.

Avant

Après

Une chaise bois et Formica

Cette petite chaise dénichée dans mon dépôt-vente de Cléry-Saint-André, dans le Loiret, avait bien besoin de retrouver un peu de gaieté.

coton fleuri

lainage prince-de-galles

lampas

Il faut dire que ce modèle possède de jolies proportions et des pieds de hêtre galbés. Cependant, le Formica, abîmé, devait être à tout prix camouflé. Les formes arrondies de cette chaise m'inspiraient la féminité ; j'allais donc l'habiller de couleurs gaies ou de gros bouquets.

Un petit métrage de lainage prince-de-galles coloré chiné aux puces d'Orléans, boulevard Alexandre-Martin, sera suffisant pour la revêtir. Cette trame en lainage doux et ses couleurs acidulées sont la version féminine du costume anglais.

Ainsi relookée, cette chaise a pris place chez Lila, en déco dans sa Cantine Vagabonde, un bien joli restaurant bio et bon de la rue d'Aubervilliers dans le 19e arrondissement de Paris. Une femme venue y déjeuner l'a achetée et est repartie avec. J'imagine que cette petite chaise a rejoint un intérieur douillet.

Après

Un pied tulipe

Chiné chez un brocanteur, ce pied tulipe, symbole des années 1960, va s'unir en secondes noces à l'élégance délicate du motif pied-de-poule.

écossais

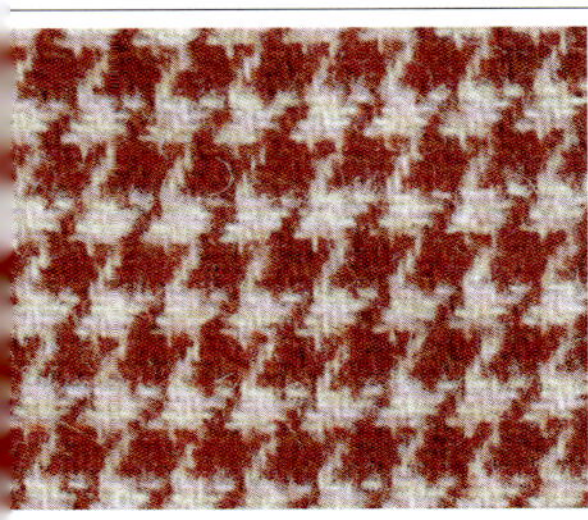

lainage pied-de-poule

fleurs stylisées

La route D923, axe important du Perche, est connue des chineurs pour ses brocantes où fourmillent des trouvailles vintage et autres beaux objets anciens, une mine d'or pour tous ceux qui aiment récupérer et réutiliser.

La structure tulipe esprit « Mushroom », emblématique du design des années 1960, est une création d'Eero Saarinen qui conçut une chaise avec un pied central, allégeant ainsi l'esthétisme du mobilier de salle à manger, et créa une nouvelle tendance dans la conception des sièges, qui vise à une unité structurale et ramassée.

Les motifs pied-de-poule et pied-de-coq, plus gros, trouvent encore aujourd'hui un écho dans les grandes maisons, parfumeries, maroquineries, éditeurs et stylistes. Emprunté au prêt-à-porter des fifties, le pied-de-poule reste l'emblème de l'élégance parisienne raffinée. Ce pied tulipe, habillé de la sorte de noir et blanc, se campera volontiers dans l'intérieur d'un nostalgique des années rock.

Avant

Après

Epiphone by Gibson
SPECIALS
MADNESS

Tout en courbe

Un prince-de-galles rehaussera avantageusement les formes douces et arrondies, analogues au quartier d'orange, de ce modèle emblématique des années 1960.

tissé trés tramé

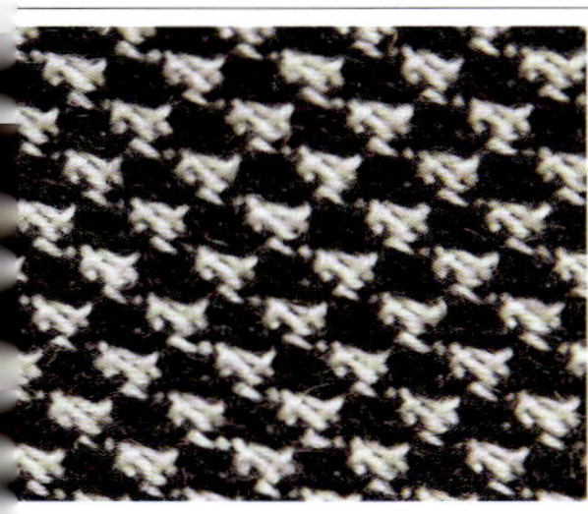
lainage noir et blanc

fleurs stylisées

Cette chauffeuse est complètement inspirée des créations des années 1960 du designer Pierre Paulin et notamment de son modèle 437 de 1959, « Orange Slice », qui rappelle les quartiers d'une orange. Les formes structurales abstraites, unifiées, des sièges de Pierre Paulin les rendent agréables à l'œil, la ligne étant pure, tout en courbe, en rondeur pour un galbe élégant. Leur ergonomie est ramassée, accueillante, ce qui les rend particulièrement confortables, sans entraver le mouvement. Une bien belle leçon de design !

Je choisis de détourner encore quelques principes attendus et tapisse ces courbures d'un tissu strict, sobre et foncièrement masculin : un lainage prince-de-galles gris, *so british*, à rayures et carreaux.

Ici, la pose du lainage consiste principalement en une couture aux points cachés sur le dossier extérieur et le dessous d'assise. Au final, les rayures et les carreaux soulignent d'autant plus le galbe du fauteuil qu'ils épousent une forme ronde.

Avant

Après

Une chaise années 1970

Quelle allure ! La ligne de la structure tubulaire est élégante, le système de fixation n'est pas banal. Il n'en fallait pas plus pour qu'elle trouve grâce à mes yeux.

Elle trônait, un matin de juillet, esseulée, rue des Pyrénées à Paris. En l'apercevant, je ralentis. Je jette toujours un œil à ce qui a été mis au rebut dans les rues. Un des pieds m'oriente très rapidement sur une époque et un style : un pied cannelé façon Louis XVI ; un autre en compas années 1950 et une structure acier tubulaire années 1960. Structure inox carrée et drap de laine orange chinée très tramée : ça sent les sixties ! Ça fait quelques bons points pour que cette chaise prenne place dans le coffre de ma voiture.

En fait, je la verrais bien habillée en homme ! Je choisis donc d'accentuer le côté strict et sévère de ses formes, avec la pose d'un tissu de lainage chiné noir et blanc, au toucher doux, découvert chez Sacrés Coupons, rue d'Orsel à Paris. Il est, lui aussi, strict et sévère, il fera donc l'affaire !

Unique, discrète et très confortable, elle pourrait désormais remplir la fonction de chaise de bureau. J'aurais aussi pu opter pour un drap de laine, un lainage à chevrons gris clair, un lainage pied-de-poule ou prince-de-galles ou encore utiliser le beau velours rayé d'une veste de costume.

lainage gris

velours costume à rayures

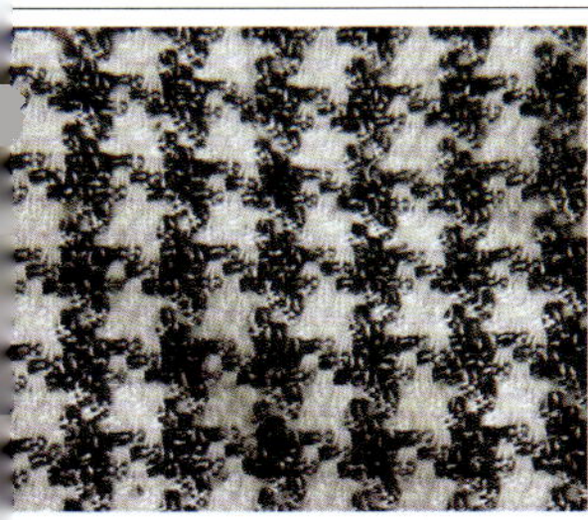

lainage pied-de-poule

Avant

Après

rald Tribune

Une chaise tube années 1950

kimono

damas rouge

vichy

Les rayures quittent le maillot du matelot de la Marine nationale pour se déployer et s'enrouler autour de cette chaise des années 1950.

Des textiles, des matières lors d'un défilé, une belle tenue dans la rue ou dans un magazine, une vitrine, un bel hôtel, et voilà que je tiens une idée ! J'habille les fauteuils de ce que je vois ici et là. J'essaye de sortir un peu des sentiers battus, tout en tenant compte de la physionomie, de l'allure, de la stature d'un siège. Car tout ne va pas à n'importe quel siège : un tissu appelle son fauteuil et un siège appelle son tissu !

Il s'agit ici de détourner un basique de nos dressings : la marinière rayée bleu indigo sur blanc. La marinière rime avec front de mer, vacances, enfance. Elle est ludique, gaie et a ce petit côté désuet qui colle parfaitement aux formes douces du style des années 1950.

Mon choix s'est donc rapidement porté sur cette chaise vintage tubulaire garnie de similicuir sale. Cependant, quelle élégance ! Campée sur ses quatre pieds fuselés de métal noir, elle n'attendait qu'à être habillée. Pour elle, ce sera donc la rayure couture, en forte résonance avec le travail majestueux de Jean Paul Gaultier réalisé pour la Suite Déco de la Cité de l'architecture et du patrimoine en octobre 2011, habillée entièrement des rayures couture matelot qui lui sont si chères.

Avant

Après

Un cabriolet style Louis XV

J'utilise souvent ce type de foulard au charme slave pour faire des coussins. Il fallait bien qu'il habille un jour un fauteuil…

Le grand foulard fleuri, coloré et vif, est l'accessoire incontournable passé l'Oural : folklore slave et rythmes tziganes nous entraînent dans une atmosphère chaleureuse. Beaucoup d'images de voyages pour un petit carré de tissu. Des steppes grandioses, la chaleur d'un feu, l'isba, la yourte, une nature rude, pour un chatoiement de fleurs de couleurs éclatantes, des turquoise, des fuchsias, des jaunes ensoleillés, des tons tranchés volontairement gais.

Un vrai coup de cœur pour ces motifs tout en fleurs portés en coiffure d'Oural en Asie, mais aussi sur les épaules en pays ibériques. Une invitation au voyage, tel un nomade. Bien sûr, ce foulard n'est pas un tissu d'ameublement, il est donc moins résistant.

Pour lui, je choisis ce petit cabriolet trouvé au coin d'une rue à Montreuil, dont le cannage est troué, remplacé illico par un sanglage et une garniture de crin, et que j'imagine au coin du feu dans une roulotte. Il prendra place chez une amie photographe globe-trotteuse séduite certainement par son côté nomade.

foulard isba

foulard slave

motif fleuri

Avant

Après

Un médaillon Louis XVI

Ici, l'envie se fait graphique, en noir et blanc, anachronique, pour habiller cette chaise médaillon Louis XVI ultra-classique.

coton tissé d'étoiles

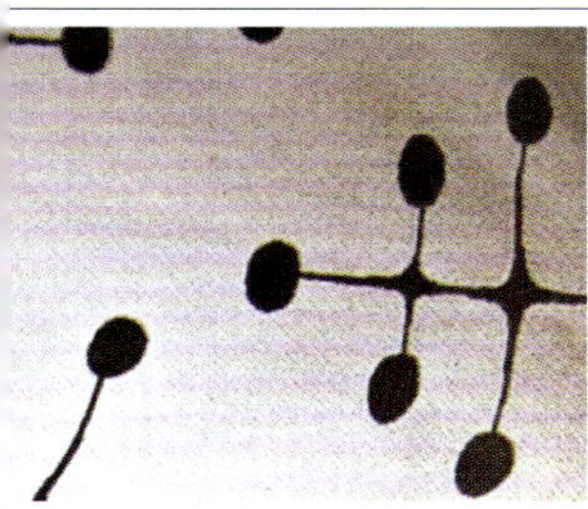
motifs Dots de Charles & Ray Eames

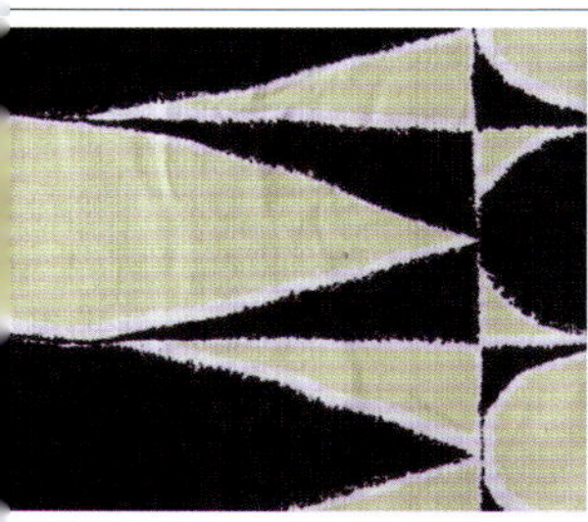
toile de coton graphique

Sous Louis XVI, le goût est à l'Antiquité gréco-latine. L'ornement en reprend les codes, les lignes se font plus strictes. Sur une structure assez sévère, on remarquera souvent une touche féminine et champêtre, un ruban de fleurs, un entrelacs de nœuds et corbeilles florales, l'ovale d'un médaillon, des fleurettes en dés.

L'idée est ici de casser les codes. Marie-Antoinette aurait évidemment fait poser une tapisserie, un lampas, un damas fleuri, rose poudré, vert amande. Je détourne donc son classicisme avec un tissu graphique noir et blanc à motifs marguerite rappelant les fleurettes sculptées sur chacun des quatre dés de raccordement des pieds.

Cette chaise est emblématique de la décoration de ces dernières années. Starck l'a revisitée en total Plexiglas, les uns lui ont posé du vinyle croco, d'autres des textiles fluo. Adaptable à l'envi, pour un style boudoir ou strict à l'antique, cette chaise est de toutes les modes.

Avant

Après

Une chauffeuse en osier

cotonnade imprimée

Liberty

Liberty noir

Le mobilier en vannerie, cet art du tressage de matières naturelles comme l'osier ou le rotin, reconquiert nos intérieurs pour notre plus grand plaisir.

Encore de très jolies trouvailles au cours de la brocante du 1er mai dernier à Chambord. Non seulement le cadre est majestueux, mais l'événement est également un régal pour tous les chineurs.

Les rotins et osiers, longtemps relégués au second plan, reprennent leur place dans nos intérieurs. Si le matériau est considéré comme basique et rudimentaire, il est en tout cas naturel ! Et la tendance actuelle pour le mobilier vintage remet au goût du jour ce type de matériau léger, économique et écologique. Mouillé pour être tressé, torsadé, courbé et galbé, il se transforme en de très jolis meubles et assises d'appoint.

Simples, exotiques et naturels, les rotins et osiers ont toute leur place en décoration out- et indoor ! J'ai opté pour un coussin d'assise en Liberty fleuri, pour sa rondeur et sa fraîcheur qui invitent à se lover un soir d'été au jardin avec un bon bouquin.

Une chaise minimaliste

J'achète cette chaise chez Emmaüs Coup de main, à Pantin, pour quelques euros et décide de l'agrémenter d'un tissu vintage années 1950.

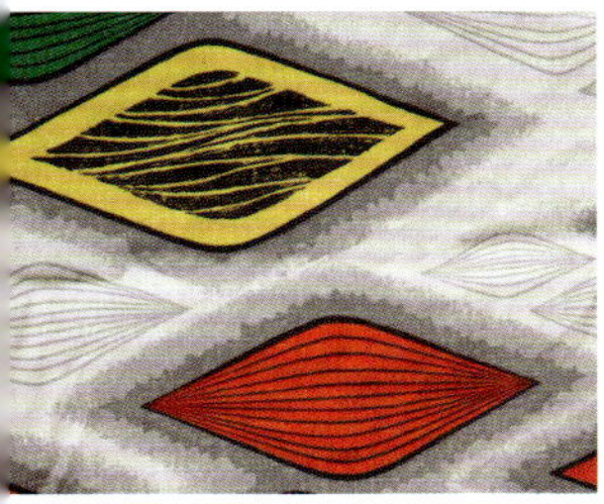

losanges graphiques années 1950

motifs de tablier années 1950

rideau de cuisine années 1950

Elle est en bon état, le piètement inox a des courbures fines et est assez élégant de par sa simplicité. Dans les motifs du tissu années 1950-1960, on retrouve l'état d'esprit commun aux différentes expressions artistiques. Il y a alors une vraie cohésion entre les arts et le style ; je pense notamment aux peintures de Klee ou Kandinsky, aux mobiles de Calder, aux spirales de Niki de Saint Phalle, au design des lampes de Serge Mouille et aux sièges de Pierre Paulin.

On observe une déferlante de motifs : crayonnés, raturés, formes abstraites, géométriques. Le style est enfantin, ludique et particulièrement optimiste. Je songe aux motifs de Lucienne Day, aux tapisseries de Sonia Delaunay et au magnifique « Dots » de Charles et Ray Eames, toujours édité.

La nature à travers le végétal est omniprésente, un changement radical du stylisme convenu vers ce qui sera nommé « la forme libre », des abstractions aléatoires et des lignes graphiques libres. Le style des années 1950 veut de l'inédit, de l'insolite ; on invente des formes, des nucléides inspirés de l'atome, des ellipses… à poser aux murs avec une gamme rigolote de papiers peints ou de textiles à coudre pour égayer toute la maison.

Après

Une mini-chauffeuse

Spectaculaire envolée de papillons bleu lagon imprimée sur un tissu Christian Lacroix et recommandée pour apporter une touche élégante à cette chauffeuse.

indienne Charles Burger

satin damassé années 1930

toile de Jouy-en-Josas

Dès le XVIIIe siècle, les Européens développent un goût prononcé pour l'exotisme, les voyages au bout du monde et s'approprient des textiles négociés à prix d'or. Dans les grandes demeures, les tissus se succèdent au rythme des saisons. On commande, on entasse mille et un motifs, matières, damas, tapisseries, rideaux, tentures qui permettent de changer le décor des pièces selon l'envie. Les textiles rapportés des grandes expéditions des Indes, d'Asie, du Moyen-Orient font le bonheur des élégantes et investissent ainsi les maisons.

Christophe-Philippe Oberkampf entreprit de fonder la première manufacture de toiles imprimées et conçut des machines à tisser pour réaliser de magnifiques cotonnades, des indiennes somptueuses et notamment une toile douce et légère, la toile de Jouy.

Cet imprimé créé par Christian Lacroix, distribué par Designers Guild, est une évocation au voyage, avec sa parade de papillons exotiques en bleu lagon. Une touche particulièrement chic et acidulée sur un tout petit fauteuil, un clin d'œil au cabinet de curiosités et ses morphos encadrés. Pour ma part, j'utilise les tissus forts avec parcimonie, par touche dynamique, sur des coussins posés ici et là.

Avant

Après

Deux chaises de cuisine en Formica

La toile cirée apparaît comme la solution idéale pour camoufler les marques du temps laissées sur le Formica de ces chaises de cuisine.

toile cirée galets

toile cirée pomme

bouquet vinyle

Je les ai dénichées chez Neptune, association de recyclage et d'insertion à Montreuil, et leur joli piètement galbé m'a tout de suite attirée. Il faut dire qu'il m'était impossible de ne pas les voir tant le jaune était éclatant. Quel dommage cependant qu'il soit abîmé ! Il me faut donc trouver une solution pour le dissimuler.

Je ne sais malheureusement pas changer le Formica, je ne sais pas le travailler. Alors j'opte pour une technique assez simple et que je connais bien : recouvrir de toile cirée. La toile cirée a ceci de commun avec le Formica qu'elle est lessivable, d'aspect verni ou brillant et facile d'entretien donc parfaite pour les pièces d'eau telles que cuisine et salle de bains.

On trouve une bonne gamme de toiles cirées chez Moline, rue d'Orsel, dans le 18e arrondissement de Paris. J'ai choisi celle-ci avec des galets bleus sur blanc pour la douceur et la fraîcheur de ses motifs. Je les vois bien s'intégrer dans une grande cuisine à la campagne autour d'une table de ferme en bois, sans craindre les doigts maculés de chocolat des enfants durant la séance de pâtisserie du mercredi.

Avant

Après

Une chaise en bois

toile cirée galets

toile cirée pomme

toile enduite à pois

Classique et indémodable, cette chaise en bois trouve sa place partout. Rien de tel que l'utilisation d'une toile cirée pour réaliser une customisation à croquer !

Chaise de bureau, pour une chambre d'enfant, dans la cuisine ou comme chaise d'appoint dans une entrée… Cette petite chaise utile, pratique, multi-usage, qui se cale partout, autant qu'elle soit colorée et dynamique !

L'utilisation de la toile cirée m'est venue le jour où j'ai trouvé, chez Moline, rue d'Orsel à Paris, une toile cirée réellement toilée, résistante. Le vernis plastique est collé sur une toile de coton imprimée, solide puisque toilée et lessivable à volonté. La toile cirée peut être collée sur une surface plane (avec une colle à galon, spéciale tissu), sur un guéridon par exemple, lorsque le Formica est vraiment laid ou abîmé. Elle peut être cousue en machine et on peut alors tout imaginer et se lancer dans de multiples réalisations.

J'ai craqué pour ce motif pomme, tendance légèrement baba, une réédition des années 1970. En 1978, ce modèle était collé sur la porte du réfrigérateur de la maison, dans les teintes orange et brun. Nostalgique de ce côté cool et des pommes sur le réfrigérateur, j'allais désormais l'utiliser partout et sur tout support.

Avant

Après

Quatre chaises en Skaï

Avec la multitude d'effets et de possibilités offertes par le similicuir, rien de plus facile que de rénover et remettre au goût du jour ces quatre chaises.

En route pour un déjeuner frugal et estival chez Pierre en extérieur, et première rencontre avec sa suite de quatre chaises en Skaï jaune. Abîmé, usé, décollé, le Skaï à l'origine jaune brillant a fini par sécher et se craqueler. Ni une ni deux, je le change. Les chaises garderont leur place dans la vaste cuisine anthracite avec une grande envie de couleurs flashy.

Le similicuir est un tissu enduit, il en existe de mille et un coloris, marques, qualités et aspects : uni, lisse, brillant, mat, verni, à motifs, frappé, duveteux… Et les imitations sont quasiment infinies : croco, autruche ou peau…

Puisqu'on a un tel choix, chacune de ces chaises aura un ton différent ! C'est donc parti pour un mètre de vert pomme, vert anis, bleu canard et bleu lagon. Le Skaï se travaille de la même manière que le tissu. Il est facile à poser grâce à son élasticité et est résistant. Ici, j'ai fabriqué des housses ajustées qui viennent empocher les dossiers et les assises des chaises.

similicuir vert

similicuir turquoise

similicuir bleu

Avant

Après

Une petite chaise d'écolier

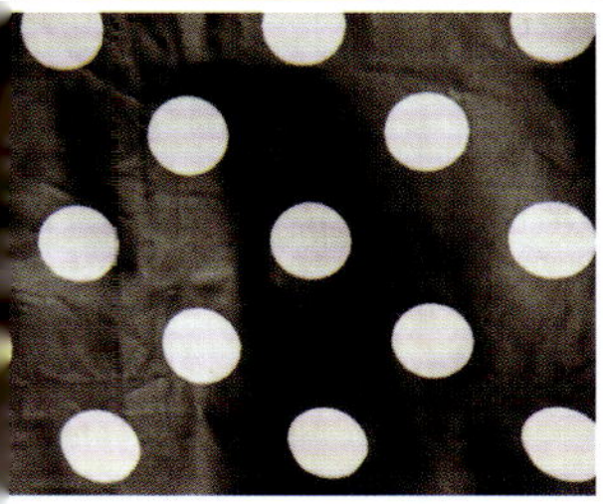
toile enduite à pois

Toile-de-Jouy

écailles de poisson

Cette chaise d'écolier hante nos souvenirs. Grâce à la toile enduite, lui redonner une seconde jeunesse va être un jeu d'enfant.

De la crèche à la salle de classe, en passant par le réfectoire, elle est partout : c'est la chaise d'écolier ! Fonctionnelle, pratique, robuste, elle fait partie des objets qui ont jalonné notre enfance, aussi célèbre que la girafe pour bébé ou les verres en Pyrex de la cantine.

Peinturlurée, abandonnée, elle a rejoint l'atelier. Je me suis attelée à la poncer, gratter, recoller pour lui redonner un semblant de gaieté. Car, c'est sûr, elle pourra encore servir et accompagner les quelques jeunes années du petit Jules.

Plus souple que la toile cirée, la toile enduite a un toucher plus rugueux, un aspect mat et non verni. Elle est résistante et lessivable, grâce à 'apprêt qui recouvre la toile de coton. La toile enduite se travaille de la même manière qu'un tissu, elle se coud, se colle, s'agrafe. Elle est idéale pour une chambre d'enfant, une salle de jeux ou encore une cuisine, en revêtement sur tout type de meuble.

Avant

Après

Un pouf rond

C'est chez Neptune, à Montreuil, que j'ai trouvé ce pouf sans âme au fin fond du dépôt-vente. Une merveille qui ne demande qu'à revivre !

Il était là depuis un bon moment, mis au rebut. Certes, il fallait un peu d'imagination pour voir en cet objet informe et triste un tabouret récupérable. Daté des années 1940-1950, son bois blond n'est pas vermoulu, sa structure est bonne, sanglée, de ressorts et de crin.

Je dégarnis tout. Je m'attelle au sanglage croisé en toile de chanvre et à la pose d'une toile forte. Puis vient la découpe d'une plaque de mousse de 12 cm d'épaisseur. Une coupe tout en rondeur donc. La mousse plaquée au sol, je m'arme de mon couteau à viande et, le couteau à la perpendiculaire, je la taille et viens ensuite la coller sur la toile forte à la colle Néoprène. Il s'agit maintenant de fabriquer une housse, cousue, de trois morceaux : un fond rond, un passepoil et une plate-bande qui fera le tour du tabouret.

La toile à matelas, comme son nom l'indique, est tissée serré au regard de son usage, rayée pour faciliter les repères de pose et de fabrication des matelas. Solide, c'est une toile de coton très résistante. Mariée avec des tissus fleuris japonisants ou des tissus de grande facture, son gris poudré s'efface pour donner de la valeur ajoutée et casser son côté tristounet « pensionnat de jeunes filles ».

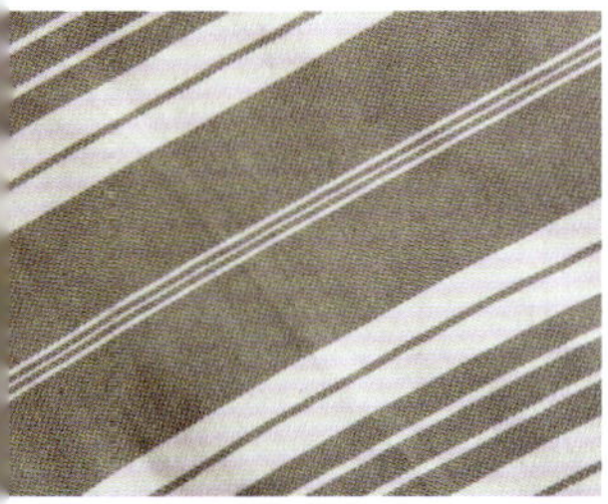

toile à matelas

toile de jean

toile de lin brut

Avant

Après

Un fauteuil Butterfly

Ce fauteuil est un incontournable du design. Alliant sobriété et efficacité, il trouve sa place partout, à l'intérieur comme à l'extérieur.

wax africain

imprimé ethnique

kilim

Inspiré des fauteuils légers des camps militaires de l'armée américaine, le fauteuil pliant, transportable en toute occasion, est de fait indispensable dedans comme dehors, pour le camping, un trekking ou une randonnée. Son châssis peut être en bois, en tube d'acier, voire en carbone. Ses pieds se déplient en papillon, retenus par une toile qui vient s'emboîter aux quatre coins.

Le fauteuil AA Butterfly est une pièce maîtresse du design. Les versions et reproductions sont nombreuses. Le projet ici est d'apporter une touche ethnique au jardin, au patio ou au salon avec ce fauteuil intemporel dont la ligne légère et élégante allégera les lieux.

L'ikat d'Inde, d'Indonésie, avec ses motifs en décors flammés, de coton tissé très serré, de deux couleurs, s'associe parfaitement à cette structure légère et suspendue façon hamac. Aux quatre coins sont cousus des renforts en jean brut qui s'allie avec l'indigo de l'ikat.

Avant

Après

ALK13

Un tabouret d'appoint

Ce tabouret dans son plus simple appareil va me permettre de rendre visible sa structure, de mettre en avant son sanglage, véritable damier de sangles.

Le sanglage est la toute première étape de la structure d'un siège, une opération primordiale en tapisserie, qui retient les ressorts et toute la garniture. Les sangles de chanvre ou de lin doivent être particulièrement tendues et serrées pour former une plateforme qui sonne comme un tambour. Elles sont entrecroisées en damier, à claire-voie ou serrées. Elles supportent toute la garniture et le poids de l'utilisateur.

Sur ce tabouret, produit de grande distribution, j'ai choisi de montrer ce travail de sanglage, de laisser apparente la façon, car la matière est noble et l'entrecroisement, agréable à l'œil. C'est en Inde que j'ai retrouvé ce travail de sanglage nu, parfois avec des sangles colorées, bariolées. Ce sont les *charpoys*, les lits de repos, qui m'ont inspirée.

Il s'agit de semencer la sangle sur la traverse arrière, d'utiliser le tire-sangle pour tendre et de venir fixer à la grosse semence sur la traverse avant, c'est-à-dire réaliser une plateforme de sangles entrecroisées en les fixant d'une traverse à l'autre.

sangles de couleurs rapportées de Pondichéry

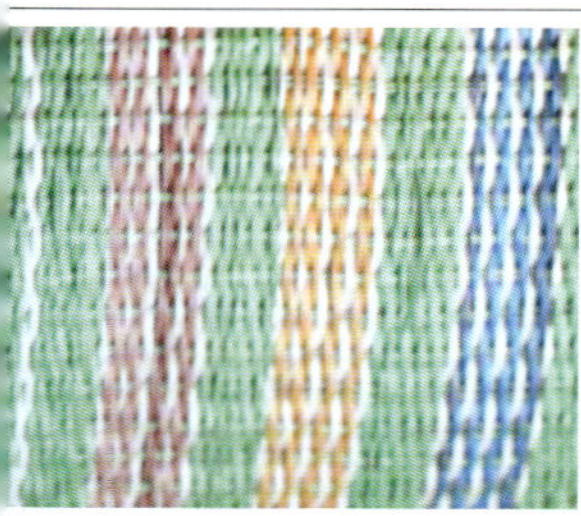
sangles de couleurs rapportées de Pondichéry

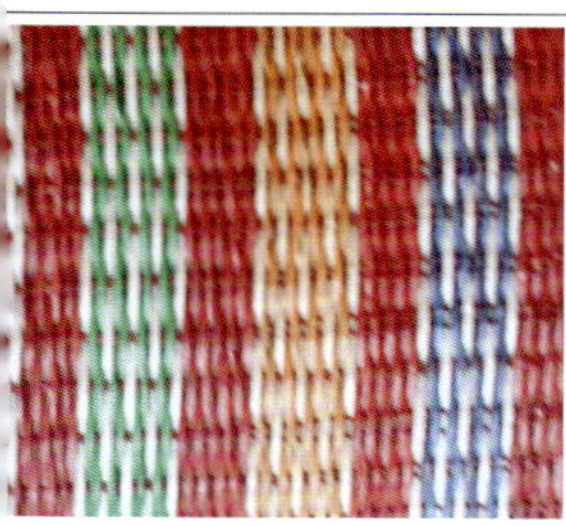
sangles de couleurs rapportées de Pondichéry

Avant

Après

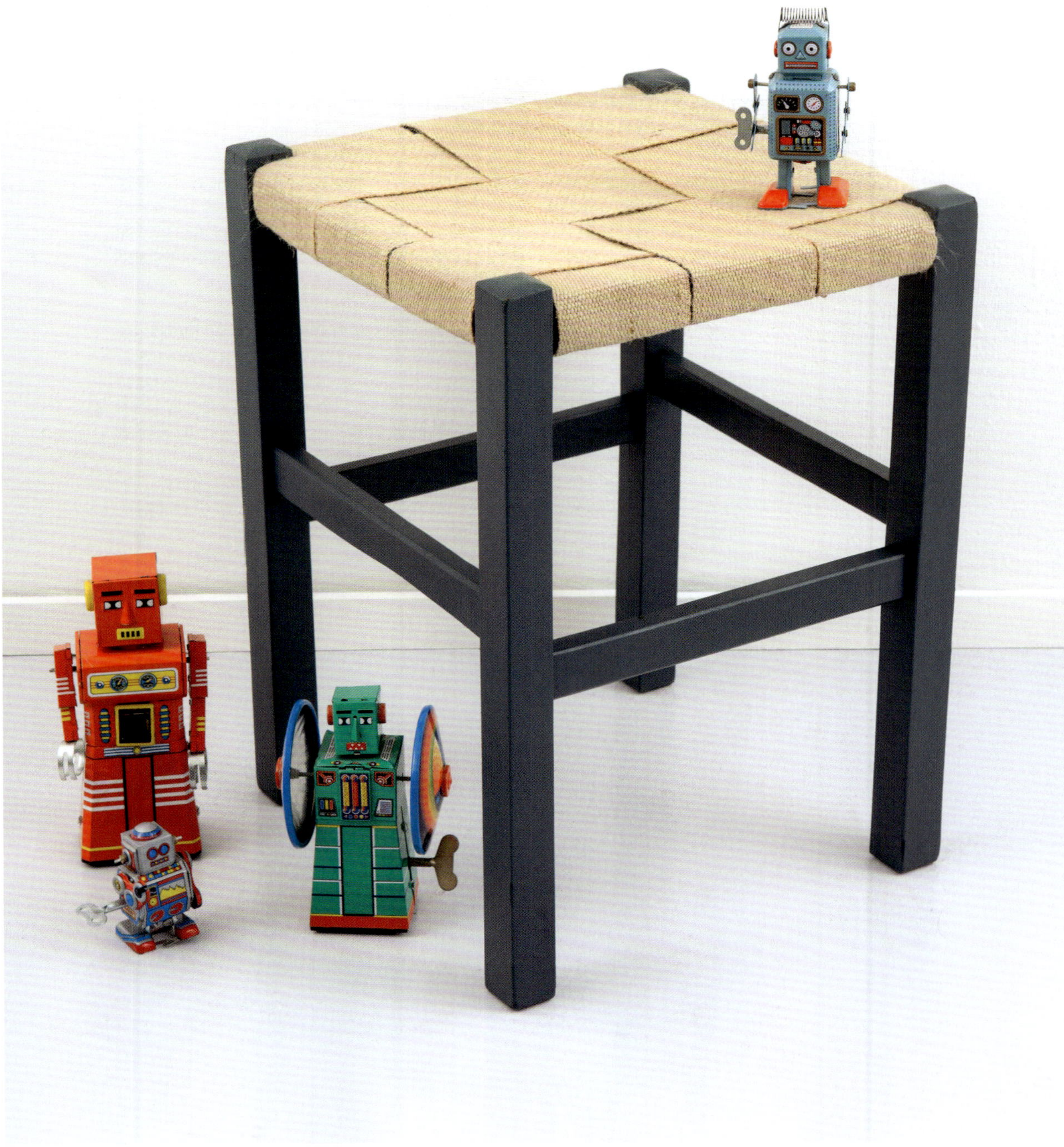

Un fauteuil de famille

coton losanges

lin brodé

toile brute à chevrons

L'objectif est de donner un coup de fouet au style Louis XV de ce fauteuil tout en se détournant des codes et usages bourgeois.

La bergère basse et profonde aux joues pleines est superbement confortable grâce à son épais coussin de plumes. La bergère à coussin à dossier en cabriolet violonné, avec ses formes gracieuses et légères, est d'une élégance folle, intemporelle ! Moi, j'aime ces moulures de bois nerveuses et souples, en coup de fouet, la courbure de ces pieds en S et les ornements de fleurettes. Le style est chic, délicat et raffiné !

On peut cependant laisser à mesdames de Pompadour et du Barry les fleurettes, les chinoiseries et les curiosités exotiques. Il n'est plus tout à fait au goût du jour d'harmoniser l'ensemble d'une pièce : rideaux, fauteuils, couettes, plaids… L'idée est plus de mettre en avant la douceur des lignes féminines et élégantes du style Louis XV avec une toile tissée brute, simple, de coton mélangé chanvre et lin, et de détourner ainsi le côté classique et pompeux de ce fauteuil.

Rhabillez vos fauteuils de famille, bergères, marquises, prie-Dieu, avec des toiles de lin, des chanvres, des gros cotons, dans des tons neutres, avec pourquoi pas des passepoils fluo ou des couleurs flashy. Vous garderez le confort et le raffinement d'une jolie pièce XVIIIe accordée à l'air du temps.

Avant

Après

Deux tabourets carrés en Formica

Il s'agit de transformer et d'habiller deux tabourets de cuisine qui ont bien vieilli pour qu'ils rejoignent un intérieur atypique et décalé.

Je vais vous montrer comment n'importe quel textile peut être utilisé et détourné. Ici, deux sacs en toile de coton fort rapportés du marché Goubert Market de Pondichéry. J'aurais tout aussi bien pu prendre des sacs des postes en toile de jute, des sacs de pommes de terre, des sacs de farine ou de blé en gros coton épais, siglés de marques anciennes, ou encore des sacs « Barbès » en plastique tressé.

Ainsi, non seulement ils seront réutilisés, mais ils donneront surtout un cachet tout à la fois insolite et authentique à l'objet qu'ils habilleront, prolongeant vos souvenirs d'escapades aux quatre coins du monde !

Pour mes deux tabourets, je commence par poser de la ouate et la découpe à la dimension du carré d'assise. J'agrafe le tissu en dessous et réalise de jolis coins carrés. Enfin, j'agrémente d'une passementerie à pompons fixée avec une colle à galon, pour donner un petit côté kitsch et rigolo à l'ensemble.

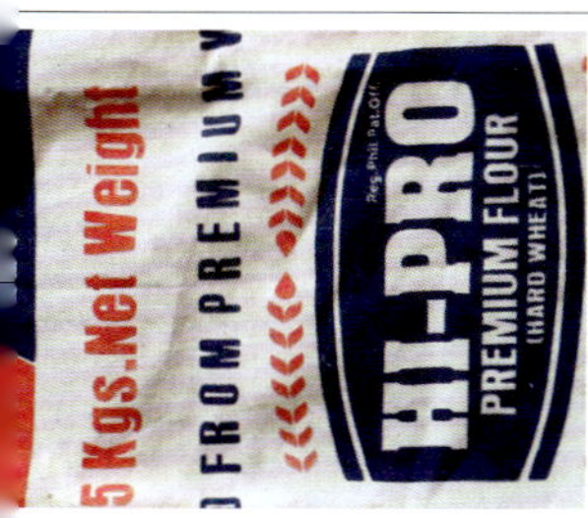

sac de marché indien

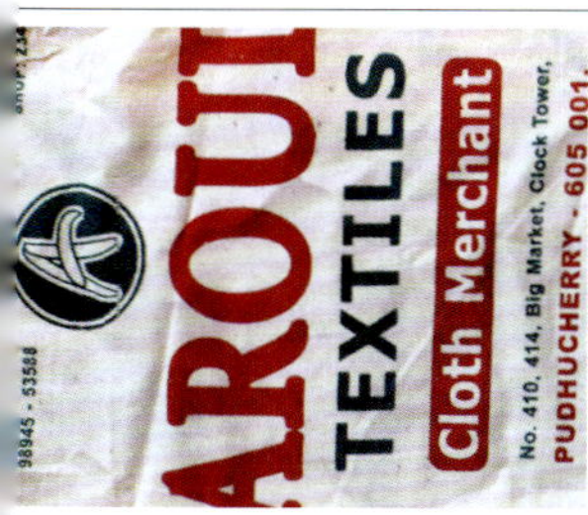

sac en coton indien

tee-shirt

Avant

Après

வைக்க சுவைக்க
மணக்கும் பாக்கு!
ரோஜா
பாக்கு
பாக்கு சும்மா "கும்"ன்னு

Un pouf carré

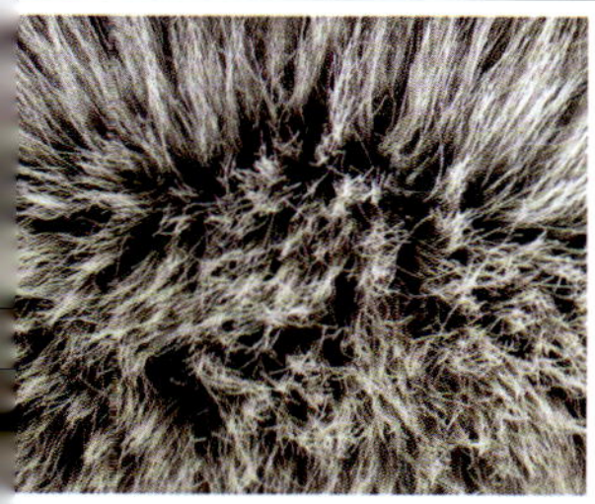

imitation moumoute

peau de vache véritable

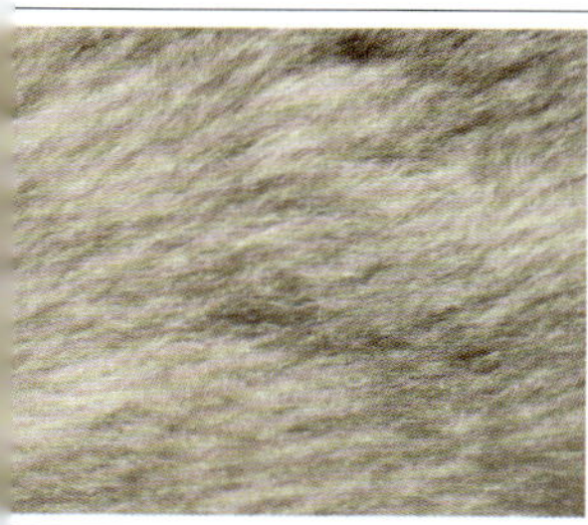

peau de vache véritable blanche

Pour cette customisation, le principe est de rompre la rigueur de la ligne et de la structure inox tubulaire carrée de ce pouf de mousse lui-même carré.

L'objet est tout à fait quelconque, mais non moins intéressant. Son rôle est clair, sa fonction évidente : c'est un mobilier d'appoint, qu'on peut sortir et ranger facilement. Sous une table, il se fera discret. Nous sommes, ici, dans les années 1960-1970, la structure est raide, rigide, stricte et froide.

L'idée est donc de remplacer le Skaï marron et vieilli par un matériau beaucoup plus engageant. Il s'agit d'opérer une transformation radicale pour apporter à cet objet usuel une touche déco insolite. Je décide de lui redonner de l'éclat, en ravivant l'inox piqué et en faisant disparaître les points de rouille. Pour cela, rien de plus simple, avec un tampon en paille de fer la plus fine possible et un décapant tous métaux. Je suscite un peu de douceur, avec une véritable moumoute en laine de mouton blanche, blanche pour la pureté.

L'assise est à hauteur d'une chaise de bureau, c'est-à-dire à 48 cm, idéale donc pour s'installer et travailler confortablement et chaudement. Ce pouf relooké prendra d'ailleurs place dans la chambre de Jess' comme tabouret de bureau, qu'elle pourra glisser dessous ou ressortir pour recevoir ses amies.

Avant

Après

Une petite chaise tubulaire

tissu synthétique zébré

peau imprimé léopard

peau imprimé léopard

Pour cette chaise stricte, réduite à une ligne assez banale et triste, j'envisage une transformation qui apportera un peu d'excentricité et invitera au voyage.

Je souhaite réveiller l'assise de cette chaise avec une imitation peau, pour la magie du voyage et la poésie du motif. Une petite touche animale chez soi, comme une invitation au dépaysement, pour laisser son esprit s'évader vers des contrées lointaines, rehausser son intérieur d'une touche ethnique et garder à l'esprit l'authenticité de la savane.

Cette chaise qui n'a pas beaucoup de personnalité, d'une facture tube simplissime mais efficace, sera parfaite pour accueillir un tissu particulièrement marqué. J'ai donc choisi une imitation peau de zèbre pour son côté graphique et très présent. Les tissus forts sont à utiliser avec parcimonie et par touche, sur des coussins, un pouf ou une assise volante.

On fait de très jolies reproductions et imitations de peaux, alors laissons léopards, zèbres, impalas, crocodiles et girafons arborer leurs magnifiques toisons et utilisons plutôt des imitations. Ces dernières sont très faciles d'utilisation et souvent extensibles, mais faites attention tout de même à ne pas en déformer le motif. Appointez d'arrière vers l'avant et après les côtés, pour positionner votre tissu droit-fil, fixez-le ensuite à l'agrafe.

Avant

Après

Un tabouret d'atelier

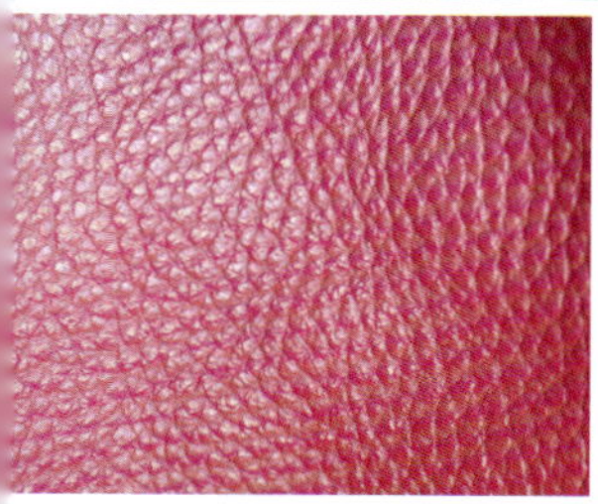

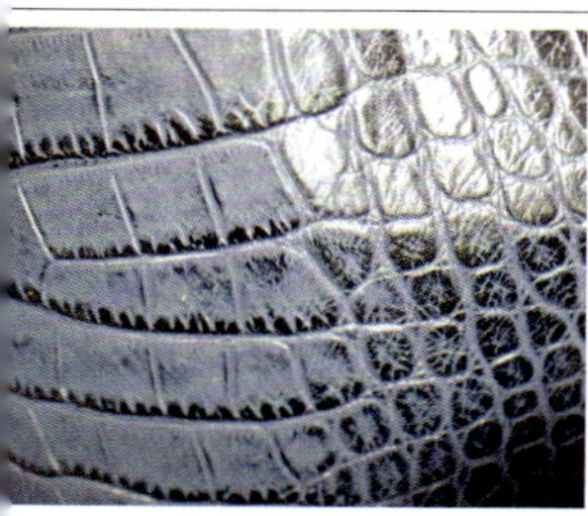

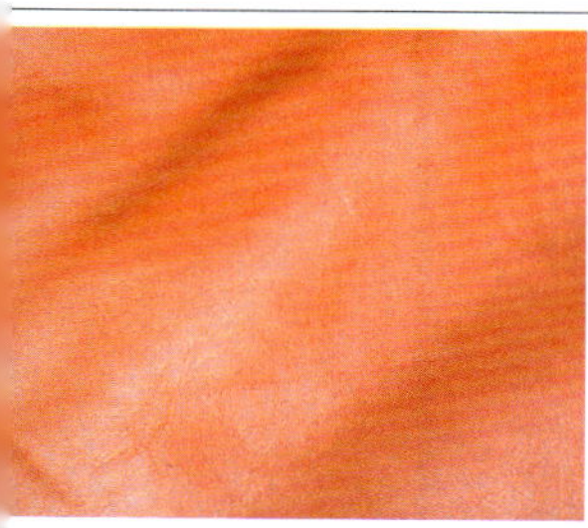

Un morceau de cuir coloré redonnera sa fonction à ce tabouret tout en le faisant voyager de l'atelier ou de l'usine au cœur de votre intérieur.

Le tabouret d'atelier, emblématique du style « factory » et ressorti des tristes usines du passé, est fonctionnel, adaptable et réglable à la morphologie de l'artisan. Il offre un confort minimal qui ne détourne pas de la tâche, à hauteur d'établi, pour artisan inspiré, architecte pressé, cuisinier gourmet et créatrice affairée.

Le tabouret est un basique de la tendance industrielle particulièrement en vogue ces dernières années. Il est brut et utile partout, rappelle dans les lofts aménagés le labeur et la précision, et trouve désormais sa place à hauteur des plans de travail à la maison comme avant à l'atelier, pour cuisiner, travailler, dessiner et créer.

Le cuir tanné, de chèvre, de vachette, de mouton, de veau… peut être naturel ou, comme ici, coloré, gaufré, frappé, de Cordoue ou de Russie. C'est un matériau noble, particulièrement apprécié en ameublement pour sa robustesse, sa souplesse et son confort. Le temps et la lumière le patineront.

Avant

Après

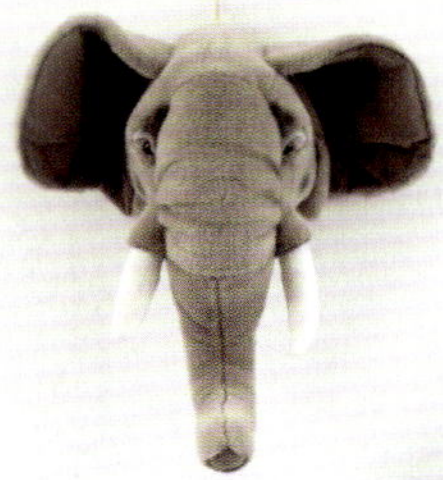

Nos bonnes adresses

Fournisseurs :

- Matières premières : Emmaüs, Neptune, AGBB
- Bricolage et outillage : Leroy Merlin, Bricolex, BHV
- À l'ancienne : Laverdure, au Progrès, chez Weber
- Peinture : Daval, Colorine, Davout
- Menuiserie : Tible Dumont et fils, AZ bois, Tout le Travail du Bois
- Simili VT - faubourg Saint-Antoine, pour les matériaux et outils
- Houlès pour les passementeries
- Le marché Saint-Pierre
- Et aussi quelques éditeurs prestigieux : la maison Charles Burger, Designers Guild, Chivasso, Jules Pansu, Harlequin, Sanderson, Lelièvre, Pierre Frey, la maison Prelle…

Lieux inspirants :

- Déco mobilier : Conrad Shop, Sentou, Autour du Monde, les Brocantes de Popincourt
- Déco accessoires : Les Fleurs, Loulou Addict
- Pour enfants : le Château de ma Mère, Mandorla Palace, Petit Pan
- Musées : Orsay, Arts Déco, Rodin
- Instituts : finlandais, suédois, du monde arabe
- Galeries : Maria Lund, Thaddaeus Ropac, Patrick Seguin
- Les puces de Saint-Ouen, les puces du Design, le showroom Caravane, Home autour du Monde, Galerie Sentou, les salons de créateurs…
- Les voyages, les décors de cinéma, les vitrines et les jolies boutiques de créateurs, de fleuristes, de déco.
- La bibliothèque Forney, le musée des Arts décoratifs, les musées Carnavalet, Cognac-Jay et le musée des années trente de Boulogne, le musée de toile de Jouy-en-Josas, le musée des soieries de Lyon, la MeP et le Jeu de Paume pour la photographie.

Artisans et créateurs inspirants :

- Une tapissier/décoratrice : Clémentine Méssié
- Un ébéniste : Atelier Christophe Chauvet
- Une céramiste : Émilie Pedron
- Un fleuriste : Champs Libre
- Un vêtement chez Anne Willy
- Un bijou de Marie Leonetti
- Un chapeau de Julie Dubois
- Un sac de Aconit Napel
- Une lampe de Céline Saby
- Du papier japonais chez Adeline Klam
- Une confection finlandaise chez Koti

Recycler – Récupérer

- Emmaüs « Coup de Main », Pantin
- Neptune, Montreuil
- Drouot et les ventes aux enchères
- Les vide-greniers, dépots vente et brocantes
- Les puces de Saint- Ouen, Montreuil, Vanves
- Le Bon Coin, www.leboncoin.fr
- Les brocs du quartier Popincourt

Jolis objets et accessoires

- Les lampes de la Fabuleuse Factory : http://www.fabuleuse-factory.com
- Les meubles de l'atelier Bulle : http://bullelesite.free.fr
- Les lampes et couteaux de JP Izambard : http://www.flickr.com/jpizambard
- Les objets chinés par Retour de chine : http://retourdechine.canalblog.com
- Les créations de Lisa's Factory : http://lisa-s-factory.blogspot.fr
- Les tricots de Valentina Katina : http://www.tricotschien.fr
- Les meubles peints par Mlle Goupil : www.mllegoupil.com
- Le linge de Maison Georgette : www.maisongeorgette.com

Petite bibliothèque

- Le Style 50 – Bradley Quinn – Octopus
- Histoire de tissus en France – Alexandra Fau – Ouest France
- Le bon motif – trésors de la bibliothèque Forney
- Chaises – Charlotte et Peter Fiell – la Martinière
- Tous les styles de Louis XIII à l'Art Déco – Sofédis
- Dictionnaire du Mobilier & Objets d'art – Robert
- 1000 chairs – Taschen
- Textiles – John Gillow et Bryan Sentance – Alternatives

Direction d'édition : Thierry Lamarre
Édition : Adeline Lobut
Création, réalisation et explications des meubles : Audrey Halin
Création, réalisation et explications des sièges : Charlotte Izambard
Photographies : Pierre Nicou
Correction-révision : Isabelle Misery
Conception graphique et mise en pages : Either studio
Couverture : Either studio

Éditions Massin
Publiées par Société d'Information et de Créations - SIC
Une société de Marie Claire Album
10 bd des Frères Voisin - 92792 Issy-Les-Moulineaux CEDEX 9 - France
Tél. 01 41 46 88 88
RCS Nanterre 302 114 509
SARL au capital de 822.000 euros

ISBN : 978-2-7072-1256-6
N° Éditeur : 38369
Imprimé par Elcograf S.p.A., Vérone, Italie
Dépôt légal : septembre 2021.

www.sotrendoo.com

PEFC
PEFC/18-32-03
Certifié PEFC
Ce produit est issu de forêts gérées durablement et de sources contrôlées
www.pefc-france.org